飞行人员航空体育理论知识

主　编　邹骐阳

副主编　韦　宇　应鹏飞　蒋　溪　郑子谦

参　编　吴　昊　孙英智　沙　爽　陈　茜
张钟心　时守祥　张吉中　林　楠
王殿臻　潘柏君　韩成禹　赵九龄
戚　越

哈爾濱工程大學出版社
Harbin Engineering University Press

内容简介

本书为海军级精品教材立项培育项目，系中央军委训练管理部“舰载战斗机飞行员航空体育理论知识”在线开放课程配套教材。本书对航空体育基础理论知识进行了整合，实现了体育科学知识与航空体育训练之间的有效衔接。

本书主要面向军事飞行人员群体及航空体育管理组训人员，教学设计多维立体、语言运用朴实精炼、科普动画生动形象，可为飞行人员的航空体育科学化训练提供有力支撑。

图书在版编目（CIP）数据

飞行人员航空体育理论知识 / 邹骐阳主编 . -- 哈尔滨 : 哈尔滨工程大学出版社 , 2025. 1. -- ISBN 978-7-5661-4598-7

Ⅰ . G875

中国国家版本馆 CIP 数据核字第 2024D460Q0 号

飞行人员航空体育理论知识

FEIXING RENYUAN HANGKONG TIYU LILUN ZHISHI

◎**选题策划** 田 婧 ◎**责任编辑** 刘梦瑶 ◎**封面设计** 李海波

出版发行 哈尔滨工程大学出版社
社　　址 哈尔滨市南岗区南通大街 145 号
邮政编码 150001
发行电话 0451-82519328
传　　真 0451-82519699
经　　销 新华书店
印　　刷 哈尔滨午阳印刷有限公司
开　　本 787 mm×1 092 mm 1/16
印　　张 9.25
字　　数 165 千字
版　　次 2025 年 1 月第 1 版
印　　次 2025 年 1 月第 1 次印刷
书　　号 ISBN 978-7-5661-4598-7
定　　价 54.80 元

http：//www.hrbeupress.com
E-mail：heupress@hrbeu.edu.cn

前　　言

舰载机飞行人员相比陆基飞行人员，对身体素质的要求更为严格，因此航空体育训练的组织需要更精细和严密。

通过调研我们发现，现阶段我国海军舰载机飞行人员培养单位在进行航空体育组织训练时，偏重于术科的教学训练，而轻视甚至忽视航空体育训练相关基本理论知识的学习。长此以往，这将导致舰载机飞行人员对运动人体科学、训练伤病与恢复等基本体育理论知识的掌握十分匮乏，继而影响日常体育训练的有效性。一些错误的体育训练理念甚至将危害飞行人员的身心健康。

本书将围绕舰载飞行相关的航空体育基本理论知识展开阐述，期待为飞行人员身心综合素质的提升提供有力的支撑。

全书共分为五章，第一章为航空体育中的运动生理知识，包括人体各系统构造及运动生理功能的实现等内容；第二章为航空体育中的体能训练知识，包括飞行人员所需的力量、速度、耐力、柔韧、灵敏等基础体能素质的概念解析和训练原理等内容；第三章为航空体育中的卫生保健知识，包括航空体育训练中的疲劳与恢复方法、自我医务监督等内容；第四章为航空体育中的伤病预防知识，包括航空体育训练中常见的运动损伤及处理方法等内容；第五章为航空体育中的运动营养知识，包括营养摄入、体重控制、饮食安排等内容。

由于编者水平有限，书中难免存在错误，恳请读者批评指正。

编者

2024 年 8 月

目 录

第一章 航空体育中的运动生理知识

本章将深入探讨与运动人体科学相关的基本常识。这些常识对于理解人体在运动过程中的各种反应和功能至关重要。重点涵盖与人体运动和舰载飞行紧密相关的人体各大系统，包括神经系统、感觉系统、呼吸系统、循环系统、骨骼系统和肌肉系统。首先，详细介绍这些系统的结构组成，解释其基本构造和功能；其次，深入探讨这些系统是如何协同工作的，即它们的运行机制，具体涉及各类生理过程和相互作用；最后，讨论如何将这些理论知识应用于实际的运动训练，以帮助舰载机飞行人员更好地进行训练并提高运动表现。

本章作为全书的基础章节，旨在为学习者打下坚实的理论基础，使其能够深入理解后续章节中更复杂的人体运动方面的科学知识。通过掌握这些基础知识，学习者将能够更科学地进行运动训练，预防运动损伤，并在运动过程中保持最佳的身体状态。

人体是一个运行极为精密复杂的系统。飞行员在进行日常的航空体育训练前，了解自己身体的构造和工作原理十分重要，只有如此，才能掌握自己身体的状况，从而为舰载飞行任务打下坚实的基础。

这里重点介绍与运动有关的人体系统。

扫码查看动画

人体由细胞组成，细胞则由氧、碳、氢等元素所构成的蛋白质、脂类、糖类、维生素等有机化合物组成，相同或者相似的细胞聚集在一起，就会形成组织。例如，与运动紧密相关的肌肉组织，需要与血管、神经、骨骼、韧带等组织结合在一起，才能共同实现肌肉功能。

组织相当于人体的零部件，当组织按照一定的方式有机组合，就成为具有特定功能的器官（例如，胃、心脏、肺等）。

结构上连续、功能上相关的器官共同完成某一特定生理功能，即构成系统（如神经系统、消化系统等），不同系统执行不同功能。正是因为这些系统有着不同的功能，完成我们人体生存与活动所必需的工作，才使我们能够全身保持协调与稳定，使我们活动自如。人体构成及主要器官示意图如图 1–1 所示。

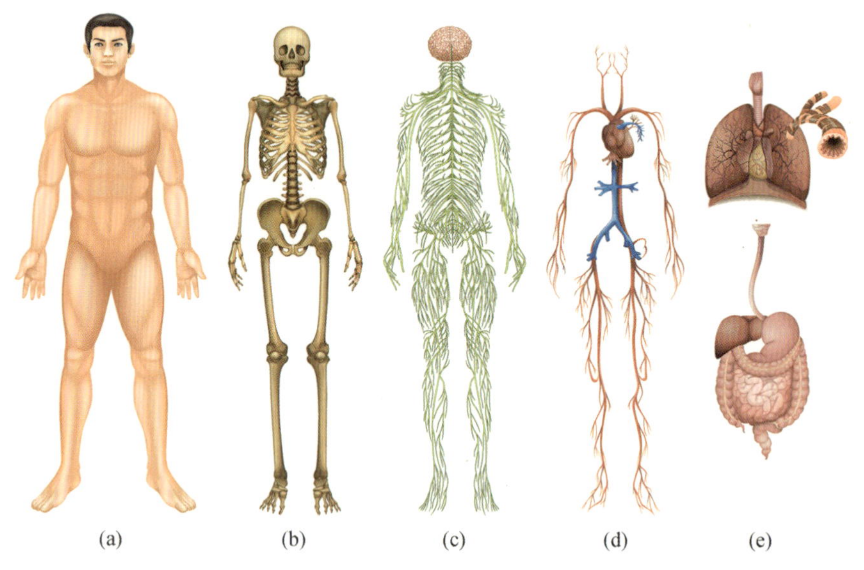

图 1–1　人体构成及主要器官示意图

人体为了维持这种构造、发挥其功能，需要通过呼吸和饮食从外界环境中摄取必要的物质，同时也会受到外界环境中重力、气温、湿度和气压等因素的影响。

因此，我们需要掌握系统、器官及身体构造的相关理论知识，并作用于航空体育运动实践。只有这样才能更好地通过运动锻炼身体，要在舰载飞行任务前将我们的身体调整到最佳状态。

接下来我们将详细学习这些系统在人体中是如何工作的。

第一节　神经系统与感觉系统

我们在一些文献中常常会看到这样的描述："高性能舰载战斗机具有很高的机动性，在机动动作及起降过程中，所产生的加速度值大于 $9g$，这对舰载机飞行人员的前庭植物神经系统反应稳定性有较高要求……"

什么是植物神经系统？为什么对舰载机飞行人员的要求较高呢？相信学完这节内容，你就会有所了解。

一、神经系统

我们先来了解一下人体神经系统的基本结构，如图 1–2 所示。

神经系统是我们思考及控制、调节全身机能的系统，由全身的神经组织构成，可分为两类。

一类是中枢神经系统，由脑和脊髓构成，其中脑由大脑、脑干、小脑及间脑构成。

大脑负责感知、整理外界的信息。大脑运动皮质负责身体各部分的调节和控制，并负责记忆、学习及控制情感。

脑干负责控制心跳、血压、呼吸和消化功能。

小脑是调节肌肉之间的协调性、控制姿势平衡、调整运动准确度和动作学习的中枢。

间脑则向大脑传递除嗅觉以外的其他感觉。

脊髓是反射中枢，是感觉和运动信息的传输通道，连接着脑和各器官信息的传导，起着对特定刺激做出反射的作用。

另一类是周围神经系统，由除了脑和脊髓以外的其他所

扫码查看动画

有神经结构构成。在周围神经系统中，能够有意识地控制手脚肌肉收缩的运动器官和感受器官的神经称为躯体神经系统，而心跳、呼吸、消化、体温调节等无法由意识控制的神经称为自主神经系统，也被称为植物神经系统。

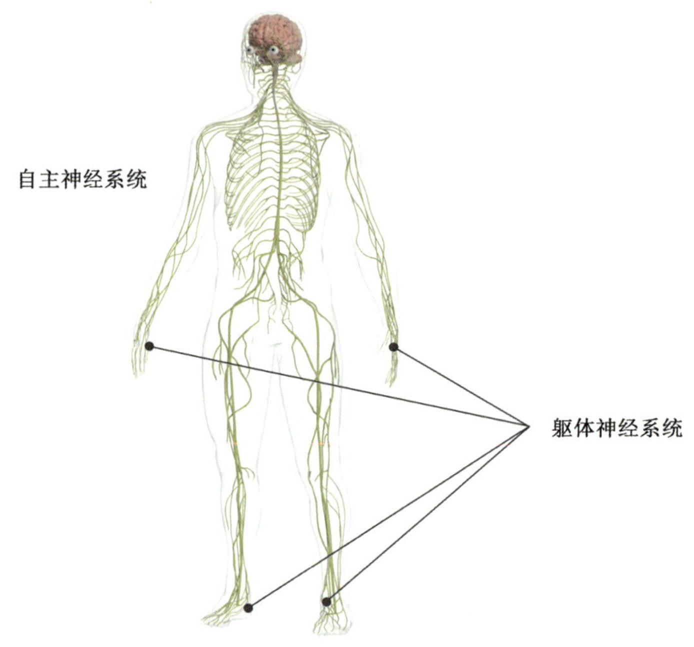

图 1–2　人体神经系统的基本结构

自主神经系统又可分为交感神经系统和副交感神经系统，它们链接同一个器官或者组织，进行精细命令和调节。

这两个神经系统的机能相互对抗，例如，血管会在交感神经活动时收缩，在副交感神经活动时扩展，在其他诸如心脏跳动和排汗等身体活动中，二者也发挥着各自的作用。

二、感觉系统

所谓感觉系统，是指身体感知内外环境变化的刺激，并具备做出反应的能力。感觉则是指感知这些刺激的功能。

提到感觉，我们会想到五感，即视、听、嗅、味、触。而在运动生理学领域，感觉是指躯体感觉和内脏感觉，其中内脏感觉由自主神经系统传递，如普通感觉，包括饥饿、口渴、恶心、尿意等；内脏痛感，包括腹痛、心绞痛、肋下疼等。

躯体感觉由躯体神经系统传达，是指视觉、听觉、嗅觉、味觉、前庭觉（平衡觉）、触觉、温度觉等。

前面提到的，对舰载机飞行人员的前庭植物性神经系统反应稳定性要求高，是因为在执行舰载飞行任务时，旋转、加速度等机动动作会产生刺激，由位于内耳处的前庭觉器官耳石器所感知，形成“前庭刺激”，当刺激较大或作用时间较长时，人体会反射性地产生一系列自主神经反应，具体表现为面色苍白、出冷汗、恶心、呕吐和唾液增加等，这种反应会引起飞行人员的不适，从而降低其工作能力，进而导致空间定向障碍发生率的增高。

扫码查看动画

因此，在日常航空体育训练中，为了提高飞行人员前庭自主神经系统反应稳定性并降低空间定向障碍发生率，我们通常采用抗眩晕操等方法。这些方法在短期内能够有效提升飞行人员前庭自主神经系统反应稳定水平，但如果飞行员长时间不训练，其效果会退回到训练前的状态。

第二节　呼吸系统与循环系统

本节主要围绕人体的呼吸系统和循环系统进行讲述。

一、呼吸系统

人类和大海中的鱼类一样，都需要氧气才能维持生存。鱼类通过鱼鳃吸取水中的氧气，而人体则通过肺获取空气中的氧气。人体吸收和消化的营养物质需要在氧气的参与下才能转换为肌肉所需的能量。

人体的整个呼吸系统由呼吸道和肺构成，如图 1–3 所示。

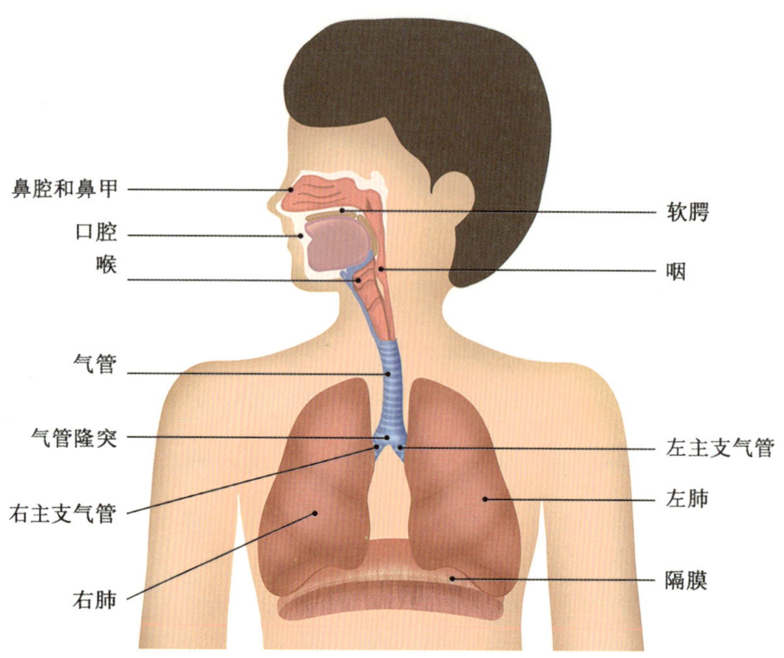

图 1–3　人体呼吸系统示意图

鼻、咽、喉部分被称为上呼吸道，气管到支气管部分被称为下呼吸道。

气管（图 1–4）经过多次分支形成支气管树，它们的末端为囊状，称为肺泡，结构极为微小，直径一般为 100~200 μm，数以亿计，肺泡周围遍布毛细血管。

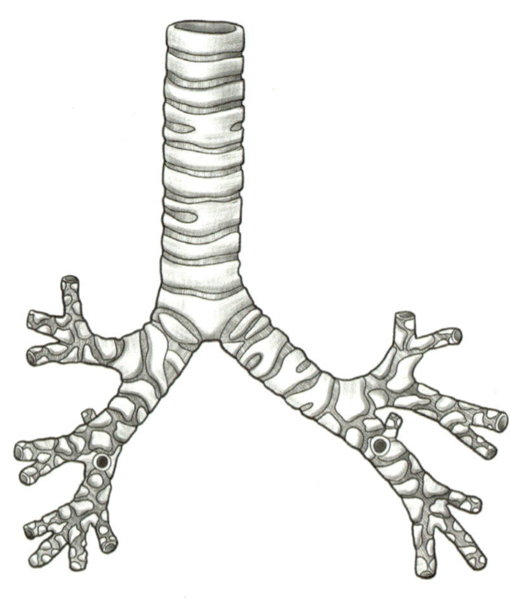

图 1–4　人体气管和支气管示意图

人体吸入的氧气在肺泡中通过毛细血管进入血液，并随着血液流动被运送到各个细胞，参与身体代谢。与此同时，从全身汇集而来的二氧化碳也通过血液进入肺部，随呼气排出体外。此过程中的气体交换现象被称为呼吸运动。

扫码查看动画

外界环境与血液之间在肺部进行的气体交换称为外呼吸（肺呼吸），组织内血液与细胞间的气体交换称为内呼吸（组织呼吸）。

呼吸运动受到神经系统中延髓部分的呼吸中枢影响，通过交替的吸气和呼气完成。

扫码查看动画

吸气时，肋外间肌和横膈膜收缩，胸腔容积扩大，肺部扩张，空气进入肺部。

呼气时，肋间内肌收缩，横膈膜向上，胸腔容积缩小，肺部收缩，将气体排出体外。

二、循环系统

学习完呼吸系统，我们接下来讲解人体的循环系统，也称为血液系统、心血管系统，如图 1–5 所示。

循环系统在人体中承担着运送物质的工作，由人体的心脏和血管构成。

其中，心脏是血液输出循环的压力泵，心脏每分钟跳动的次数被称为心率。成年人在安静状态下的心率一般为 60~70 次 /min；运动时，由于能量代谢旺盛，对氧气的需求量增加，因此，心脏会加速跳动，将含有大量氧气的血液泵至全身。此外，心脏每跳动 1min 会向全身输出 60~70 mL 血液，一般成年人的最大心率可通过公式“220 – 周岁年龄”来估算，心率在运动时可达到 160~200 次 /min。

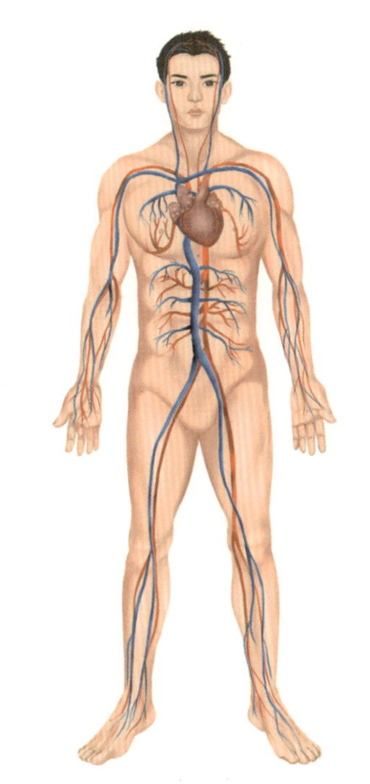

图 1–5　人体循环系统示意图

血管遍布全身，起到管道运输的作用，将血液送至全身。其中，动脉是将血液从心脏送至全身，静脉则是将全身血液输送回心脏。连接静脉动脉和之间的血管被称为毛细血管，呈网状，分布于全身的组织中，承担物质交换的工作。

血液循环（图 1–6）分为体循环和肺循环（图 1–7）。在体循环中，血液经由呼吸系统摄入氧气，起始于左心室的大动脉分支，动脉将富含氧的动脉血输送至全身。动脉反复分支，形成遍布全身各个器官和组织的毛细血管，毛细血管进行氧和二氧化碳的交换。随后，毛细血管再度汇合，形成静脉，将含有较多二氧化碳的静脉血输送回心脏。

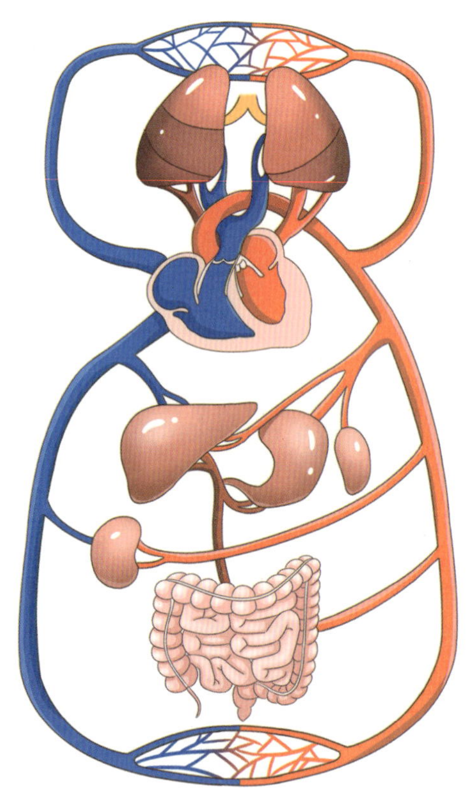

图 1–6　人体血液循环系统示意图

在肺循环中，静脉血经肺动脉输送至肺部，在肺泡中完成二氧化碳和氧气的气体交换，随后转化为动脉血，并经肺静脉流回心脏，二氧化碳则通过呼吸系统排出体外。

氧气与红细胞中的血红蛋白结合，并通过动脉流至末梢组织。血红蛋白具有在氧浓度高的区域（如肺泡）与氧结合、在氧浓度低的区域（如组织）释放氧气的特性。正是利用这一特性，氧气从肺部被有效运输到人体各个组织中并被释放出来。

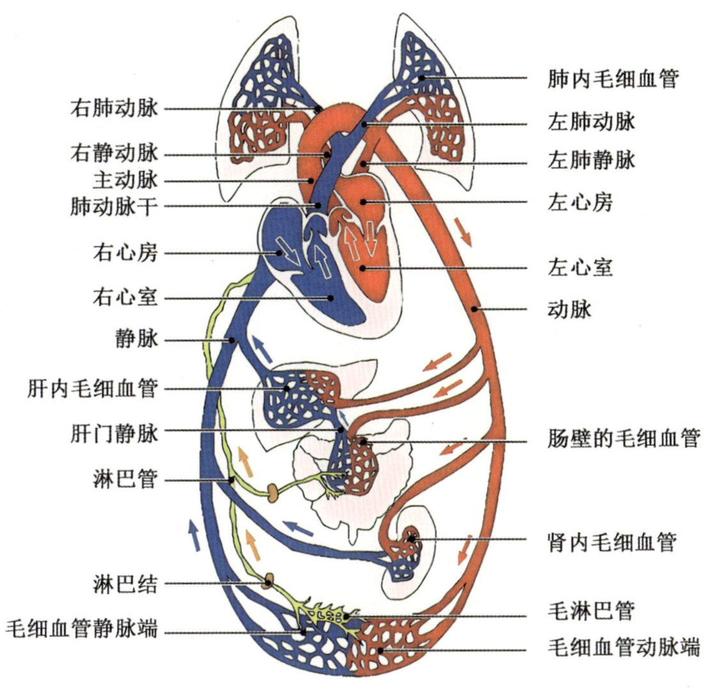

图 1–7　体循环和肺循环

第三节　骨骼系统

在舰载机起飞时，飞机会以极大的加速度从舰首滑出，被抛向固定空间轨迹。在此过程中，对人体产生较大的加速度就是我们常说的“推背感”，颈部因快速牵引向后拉伸，在飞行人员准备不足的情况下，容易出现短暂的空间盲从（感知短暂性缺失）。在舰载机着舰时，主轮触舰时产生的冲击力也对飞行人员的脊椎承受力产生了较大的影响。如果侧风速度较大的，飞机出现带侧滑或带坡度地接地，飞行人员的颈部和脊柱则有可能承受更大的压力，极易造成颈部挥鞭伤。

因此在进行航空体育训练前，飞行人员要充分了解自身的肌肉和骨骼构造。骨骼和肌肉在物理与功能上整合构成了肌肉骨骼系统，该系统使人体能够移动和进行工作。

我们先来学习骨骼系统，了解骨骼系统是如何支撑身体结构及构成运动基础系统的。

一、骨骼系统的构成

骨骼由外侧坚硬的骨密质和内侧呈网眼状的骨松质组成。

人体共有 206 块骨头，按形状分为长骨、短骨、扁骨和不规则骨（图 1–8）。

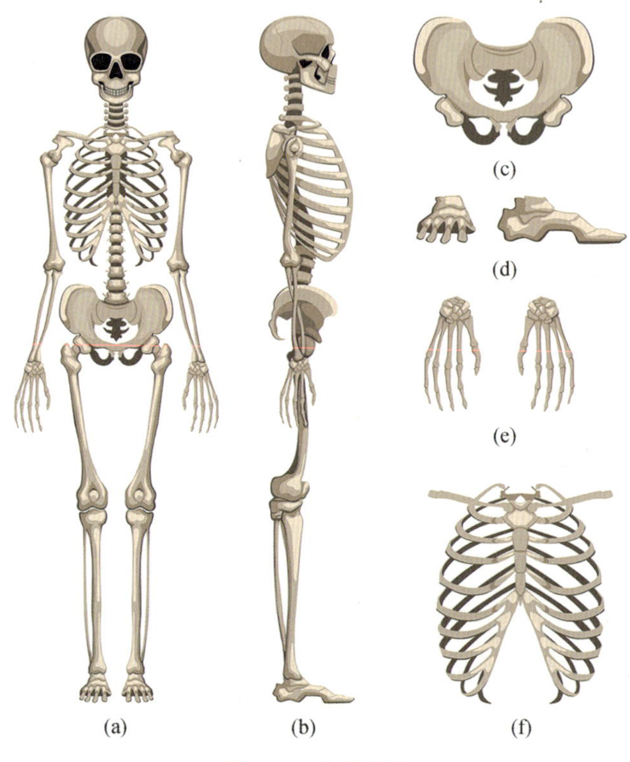

图 1–8　人体骨骼

长骨主要指四肢和附肢骨，呈长管状。

短骨为立方体，大多在腕关节和踝关节中。

最具代表性的短骨是籽骨，籽骨的特点是嵌在肌腱中。髌骨也属于籽骨。

扁骨通常呈薄、扁平和弯曲状。构成头骨（颅骨）的骨头是最典型的扁骨。

不规则骨因形状不规则，所以不属于前三类骨中的任何一类。脊柱的椎骨和骨盆的髋骨就是不规则骨。

二、骨骼的功能

①骨骼在身体运转工作中扮演着多个重要角色。它们不仅支撑着身体，为身体提

供了一个坚固的结构，使人能够保持直立姿势并抵抗重力，还能像杠杆一样，协助人完成体力劳动和行走运动等。此外，骨骼还保护着脑组织、脊髓、心脏、肺等对人体至关重要的器官。

②造血组织分布于海绵骨内部髓腔的骨髓中，可生成红细胞、白细胞和血小板等血细胞。此外，骨骼内储存了人体 99% 的钙，这种矿物质是人类生命活动所不可或缺的营养素。当人体有所需要时，钙会从骨骼被释放到血液和细胞中。

③骨骼通过反复进行骨吸收（骨组织变老）和骨生长（形成新骨）来保证自身的强度。骨骼的新陈代谢过程被称为骨重建，通过成骨细胞（生成骨组织的细胞）和破骨细胞（吸收骨组织的细胞）相互作用完成。与肌肉组织相似，骨骼组织也具有承受压力的能力。因此，当骨骼被频繁使用时，它会变得更加强壮（图 1–9）。

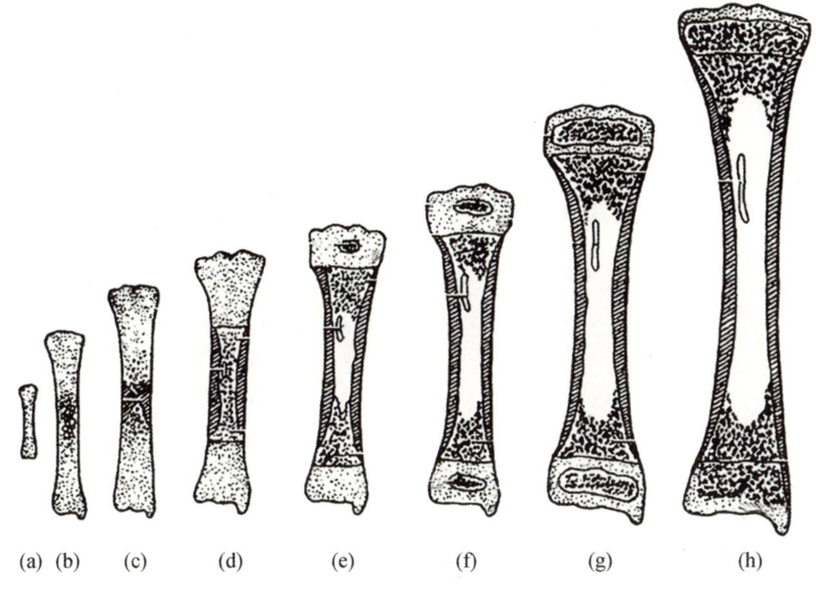

图 1–9　人体骨骼重建过程示意图

三、骨骼的整体结构

人体的骨骼分为颅骨、躯干和四肢三个部分。骨骼分布在人的全身各部位，起到支撑身体和保护内脏器官的作用，同时与肌肉配合，进行各种活动。在 206 块骨骼中，颅骨 29 块、躯干骨 51 块、四肢骨 126 块。前面讲到，舰载机起飞和着舰的过程容易对飞行人员的脊椎产生不良的影响，因此接下来我们将重点学习脊椎的生理结构。

成人的脊柱由 26 块椎骨〔包括颈椎 7 块、胸椎 12 块、腰椎 5 块、骶骨 1 块（由 5 块骶椎融合构成）、尾骨 1 块（由 3~4 块尾椎融合构成）〕借助韧带、关节及椎间盘连接而成。

脊柱有 4 个生理弯曲，即颈曲、胸曲、腰曲及骶曲。颈曲凸向前、胸曲凸向后、腰曲凸向前、骶曲凸向后（图 1–10）。

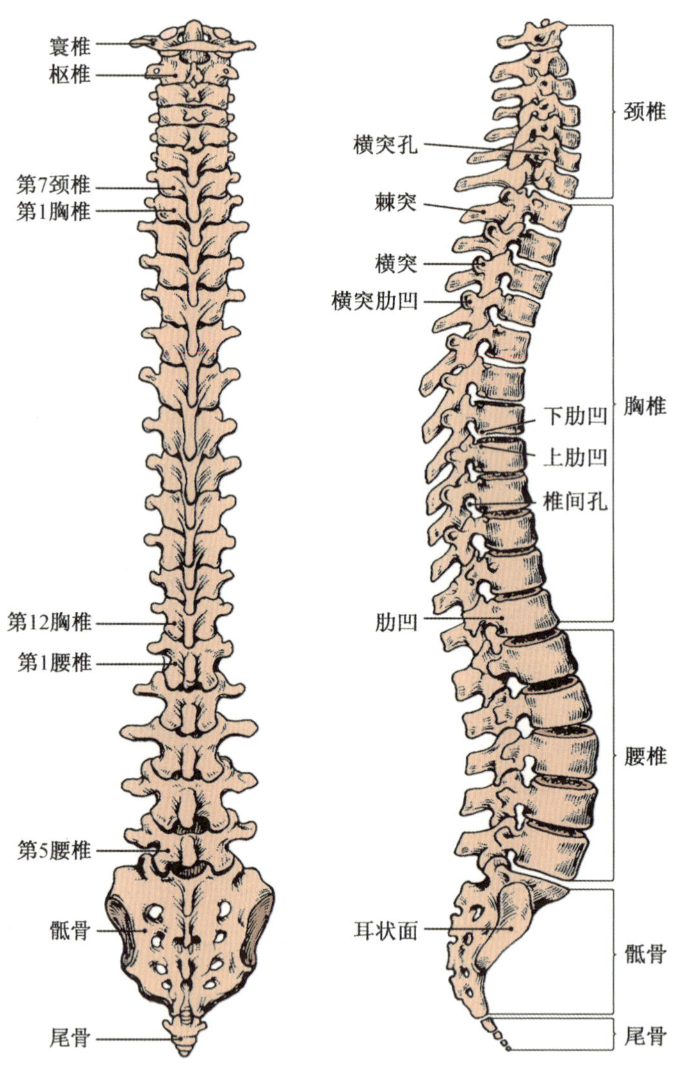

图 1–10　脊柱示意图

脊柱(图 1–11)上端承托颅骨，下联髋骨，中附肋骨，并作为胸廓、腹腔和盆腔的后壁。脊柱因此而具有支持躯干、保护内脏、保护脊髓和进行运动的功能。

因此，飞行人员在完成舰载机飞行后，要使受影响的身体快速恢复到稳定状态，必须经常进行脊椎松解拉伸练习。拉伸练习不仅可以提高飞行人员整体的柔韧性、灵活性和协调性，还能有效缓解背部肌肉的紧张，使其从僵硬状态恢复为松弛状态，促进局部血液循环，从而提高肌肉的工作效率（图 1–12）。

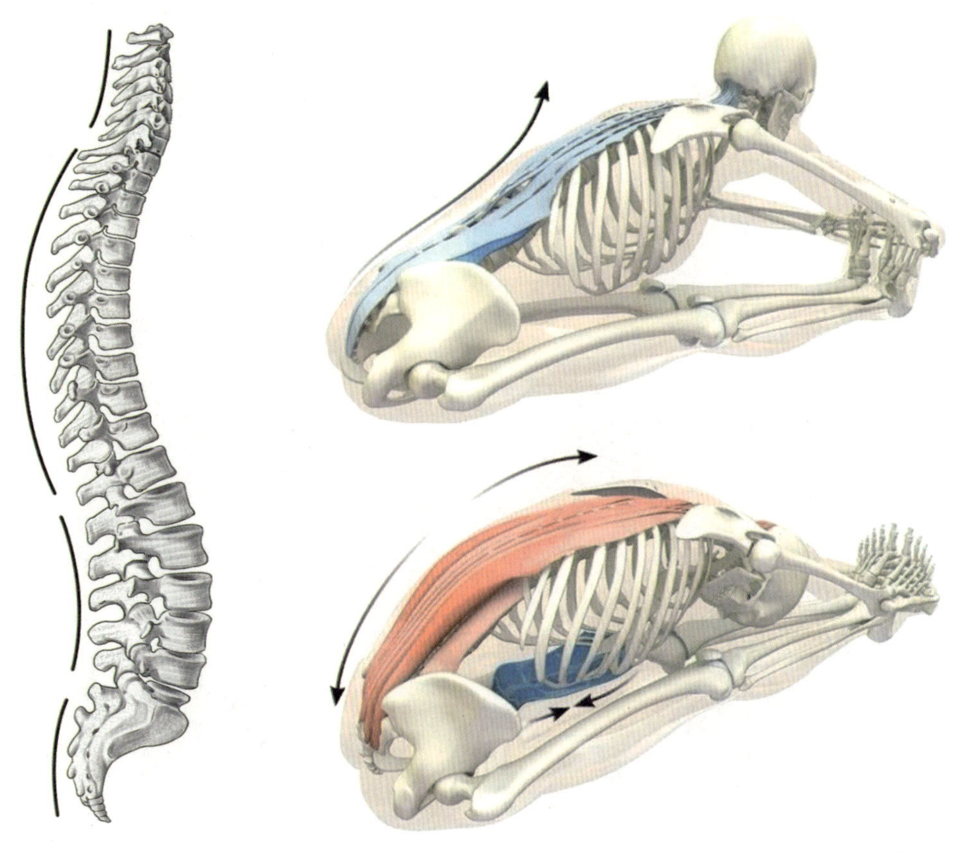

图 1–11　成人脊柱结构侧视图

图 1–12　背部拉伸

第四节　肌肉系统

学习完骨骼系统，我们现在开始详细讲解与航空体育运动及舰载机飞行最为密切的肌肉系统（图 1–13）。

舰载机需要在甲板上进行起飞和降落，起飞方式为弹射或滑跃起飞，着舰采用加速降落。在飞行过程中，飞行重力加速度、驾驶环境和工作姿势等因素对飞行人员肌肉与骨骼产生压力，飞行人员容易感到颈、肩、腰、腿痛，想要应对这种疼痛，就要先了解其中起到关键作用的肌肉。

肌肉在我们人体中大大小小共计600多块，根据其构造与功能不同，可分为骨骼肌、心肌、平滑肌三种。

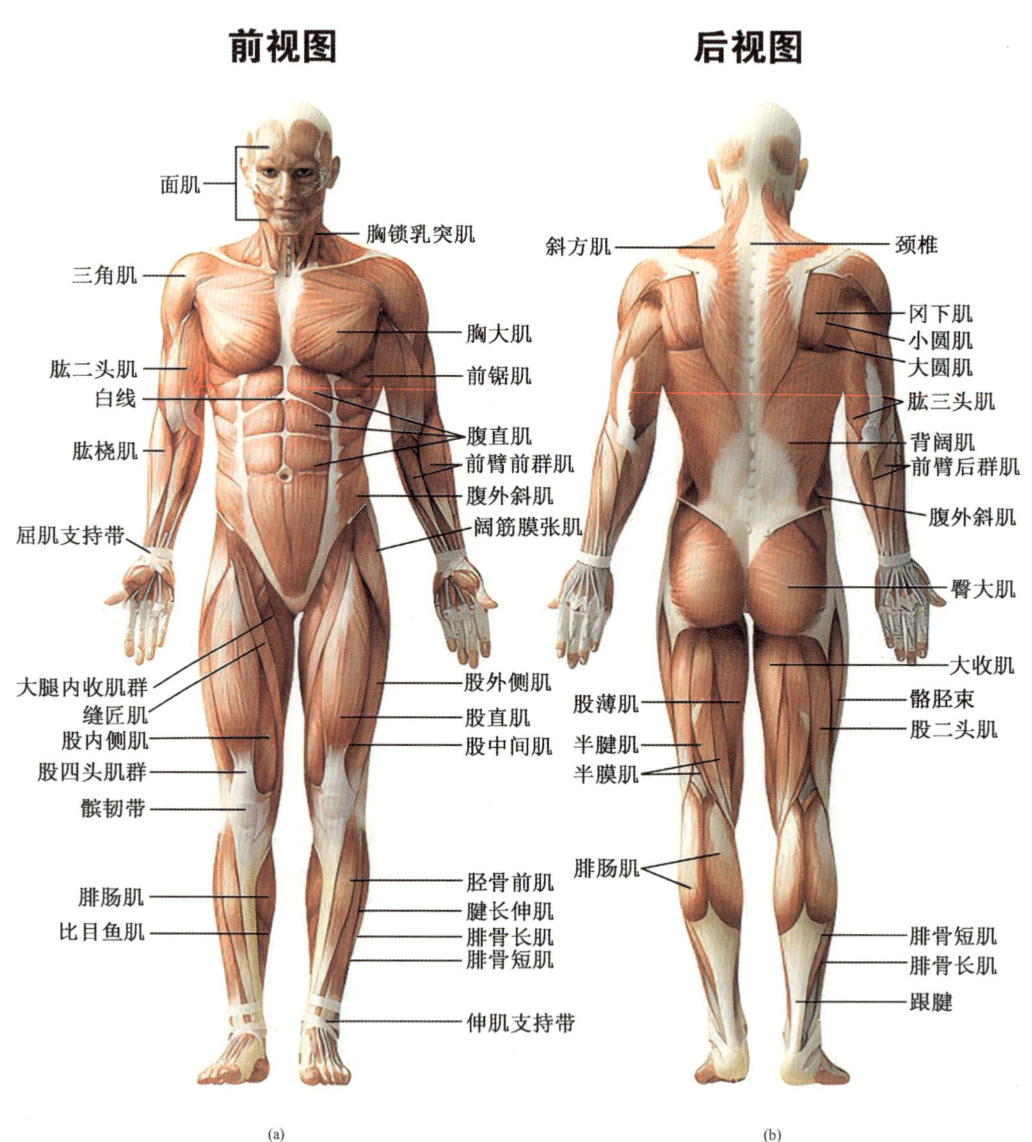

图 1-13　人体肌肉分布示意图

一般我们所说的肌肉是指骨骼肌，骨骼肌附着于骨骼，髋关节两侧的骨头上，主要负责走、跑、跳、投等有意识的自主运动，有人称其为随意肌，人体大约有 400 块骨骼肌，约占总体重的 40%；心肌负责心脏的跳动；平滑肌负责内脏器官不受意识控制的肌肉运动，被称为不随意肌。

扫码查看动画

一、人体骨骼肌肉分类

1. 腿部肌群

腿部肌群主要是指大腿部位的整体肌群，包括股四头肌与腿后肌群（图 1–14）等。我们可以将腿部肌群称为人体下半身最重要的肌群，因为跑、走、蹲、站等一切活动都会用到腿部肌群。

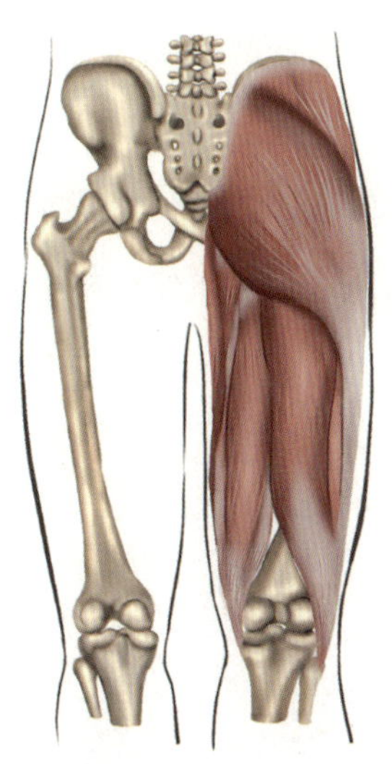

图 1–14　腿后肌群示意图

2. 胸部肌群

在人体上半身胸腔中，最重要的肌群是胸部肌群（图 1–15），主要包含胸大肌、胸小肌及前锯肌。胸肌除了起到保护胸腔的作用外，还能保持人体上半身的稳定，并协助手臂肌群应对一切有关于身体必需的推撑动作，从而达到身体应对外界变化的

功能。

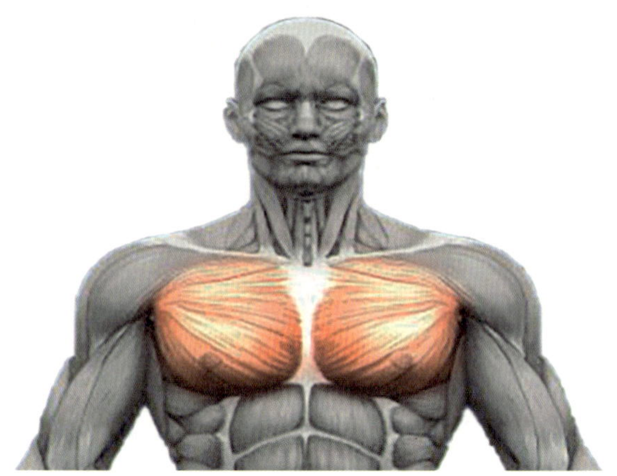
图 1–15　人体胸部肌群示意图

3. 背部肌群

背部肌群（图 1–16）由阔背肌与脊柱站立肌群所组成。我们在常规的背肌训练方法中，通常会搭配胸部肌群进行上半身的训练，通过推拉原理可以有效稳定上半身。然而事实上，由于背部肌群相对不发达，而且，人们在日常生活中较少意识到背部肌肉的作用，因此如果不刻意地伸展背部，身体的背部肌肉线条往往不易显现。但是，背肌是人体上半身的重要肌群，对它进行训练尤为重要。

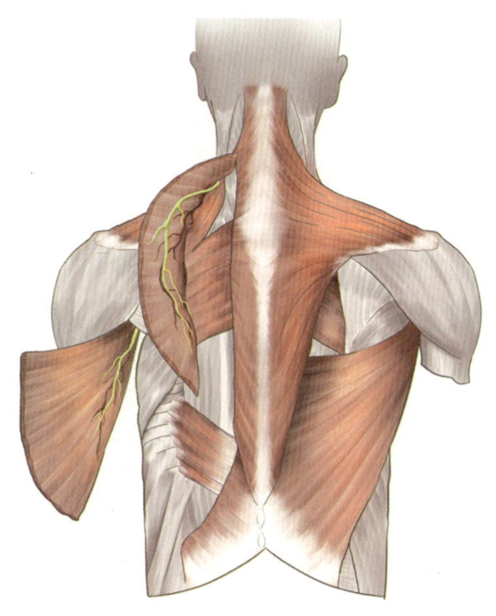
图 1–16　人体背部肌群示意图

4. 腹部肌群

腹部肌群（图 1–17）主要负责维持体态的稳定，训练方法应采用“高次数、低强度”的训练模式。以训练腹肌常见的“仰卧起坐”为例，应进行缓慢的训练并延长训练时间，这样才能有训练效果，而不是快速地反复动作，因为这将会导致快速疲劳，反而失去效果。为了取得最佳效果，建议再搭配慢跑运动（每周 3~5 次，每次 30 min）。腹部是最容易堆积脂肪的部位，一旦腹部脂肪增多，减脂的难度就会增加。因此，为了减少腹部脂肪，需要每天多运动，持之以恒的训练是保持身体健康的关键。

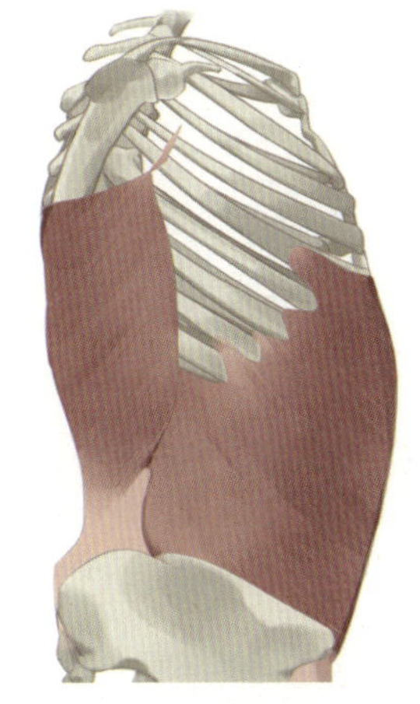

图 1–17　人体腹部肌群示意图

5. 肩部肌群

肩部肌群（图 1–18）主要由三角肌和斜方肌构成。众所周知，肩部肌肉在手臂运动与上身活动中起着关键作用。然而，由于肩部关节的构造功能，其功能侧重于活动度与运用性，因此肩部关节比较松弛，以便更好地完成各种动作。但是，正是因为这种松弛性，再加上频繁使用手臂，肩部受伤的风险也相对提高。

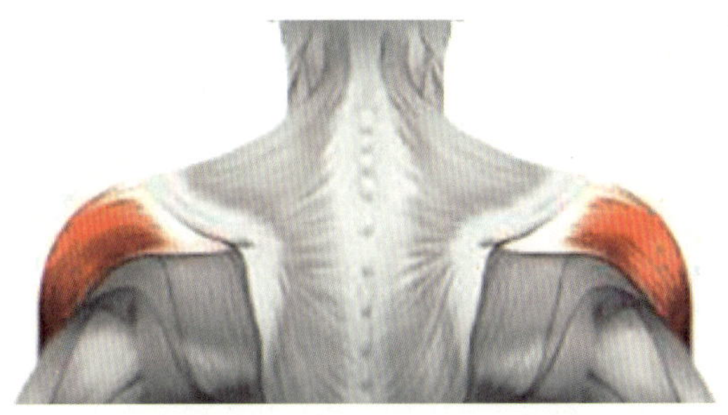

图 1–18　人体肩部肌群示意图

6. 臀部肌群

臀部肌群（图 1–19）包括臀大肌、臀中肌和臀小肌。臀小肌位于臀中肌深层。臀中肌和臀小肌属于髋关节外展肌群，髋关节外展肌群与大腿内收肌群是相对的，因此臀部肌群和大腿肌群的锻炼往往密不可分。后腰竖脊肌、臀部肌群和大腿肌群通常会同步锻炼，因为人体是一个有机整体，腿部和臀部的锻炼相互关联，身体各个部位的平衡发展同样重要，不容忽视。

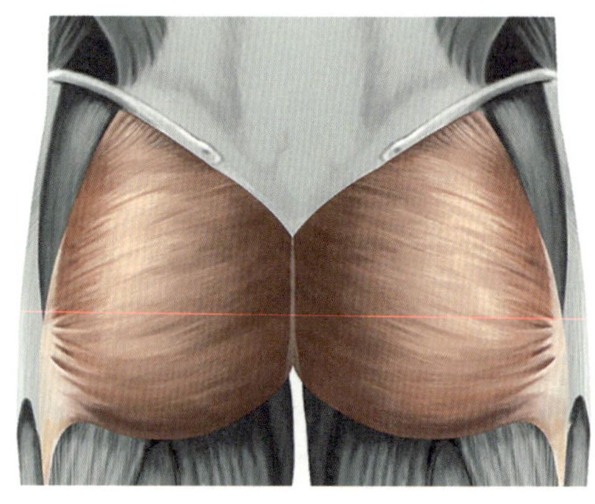

图 1–19　人体臀部肌群示意图

7. 手臂肌群

手臂肌群（图 1–20）包括肱二头肌、肱三头肌和肱肌，相较于胸部、背部和腿部，这些都是小肌群。有些人认为，小肌群一般不应使用过重的力量训练，且应该采用单关节动作，这种观点不能说是完全错误的。然而，研究表明，肱二头肌和肱三头肌都含有较高比例的二型快肌纤维，这意味着它们会对相对重一些的力量训练有更好的反应。

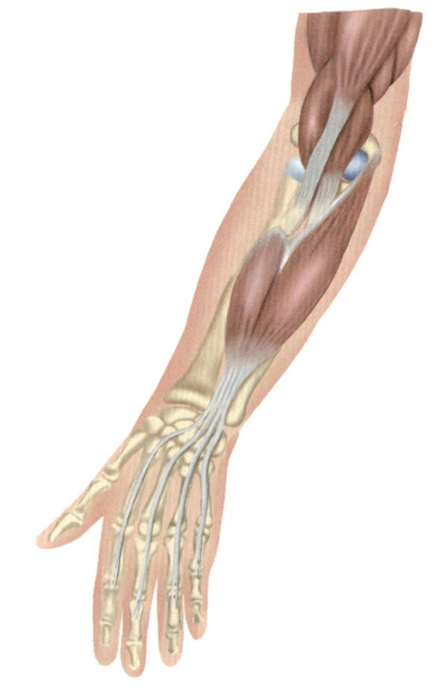

图 1–20　人体手臂肌群示意图

二、骨骼肌的形态

在这里我们接着讲解肌肉系统，结合前面所讲到的骨骼系统，学习由肌肉系统和骨骼系统共同构成的人体运动原动力系统。

骨骼肌在身体的不同部位会形成不同的形状，通常可分为两种类型：一种是肌纤维与腱平行排列的梭形肌；另一种是肌纤维以肌肉中央为中心呈羽毛状排列的羽状肌。

肌肉力量与肌肉整体的粗细呈正比，但羽状肌比较特殊。

羽状肌（图 1–21）的肌纤维相对于肌肉整体方向是斜向排列的，由于肌纤维整体的横截面积（生理学上的横截面积）要比实际看到的横截面积（解剖学上的横截面积）要大，因此这种排列方式让肌肉能产生更强大的力量。

图 1–21 人体的羽状肌示意图

肌肉是一种非常柔软的组织，如果直接附着在骨骼上，其连接处会比较脆弱，难以有效传递力量。因此，肌肉与骨骼连接前，先与肌腱连接，再通过肌腱附着在骨骼上。

肌腱由大量的胶原纤维构成，胶原纤维能随意弯曲，并对拉伸活动有极强的抵抗力，具有不易延展的特性。胶原纤维顺着长轴方向平行排列，虽然肌腱自身不会伸缩，但能将肌肉收缩产生的力量有效传至骨骼。

三、骨骼肌的功能

人体活动依赖于骨骼肌的运动。当人体在运动时，神经系统在大脑运动皮质兴奋并发出信号，这一信号经由延髓、脊髓、运动神经传至骨骼肌内的纤维，从而导致肌肉收缩。这一连串的生理反应带动骨骼肌和关节，使我们的身体得以正常运动。

骨骼肌除了帮助身体运动外，还有以下功能。

1. 产生热量

骨骼肌收缩时，摩擦会产生热量，这能够提供给我们身体所需 60%~70% 的热量，帮助维持体温，剩余的热量则由我们的肾脏和肝脏提供。

2. 吸收外部冲击与压力

骨骼肌可缓冲外界带来的冲击和压力，从而保护我们的神经组织、骨骼和内脏。特别是对舰载机飞行人员而言，颈部肌群和背部肌群的发达程度尤其重要。

3. 促进血液循环

骨骼肌通过反复的收缩与舒张，类似于水泵作用，压迫静脉血管，从而将静脉血推回心脏，促进血液循环，这能帮助飞行人员对抗在空中出现的黑视或红视现象。

4. 储存能量

在骨骼肌内，血管流经的周围部位存储着作为能量源的糖原，因此骨骼肌还有储存能量的功能。

四、肌肉的能量供给过程

当人体运动时，肌肉收缩需要一定的能量，这些能量来自肌肉中储存的三磷酸腺苷（Adenosine Triphosphate，ATP）。ATP 分解为二磷酸腺苷（Adenosine Diphosphate，ADP）后能够释放能量，但人体肌肉能储存的 ATP 总量有限，为了让人体能够持续运动，必须通过合成 ATP 来补充能量。

身体通过我们日常所吃的食物摄取糖类和脂肪，再通过分解糖和脂肪合成 ATP，这一过程叫作能量代谢。能量代谢的主要途径分为三种，分别是：磷酸原系统、无氧氧化系统、有氧氧化系统。这三者统称为三大供能系统（图 1–22）。

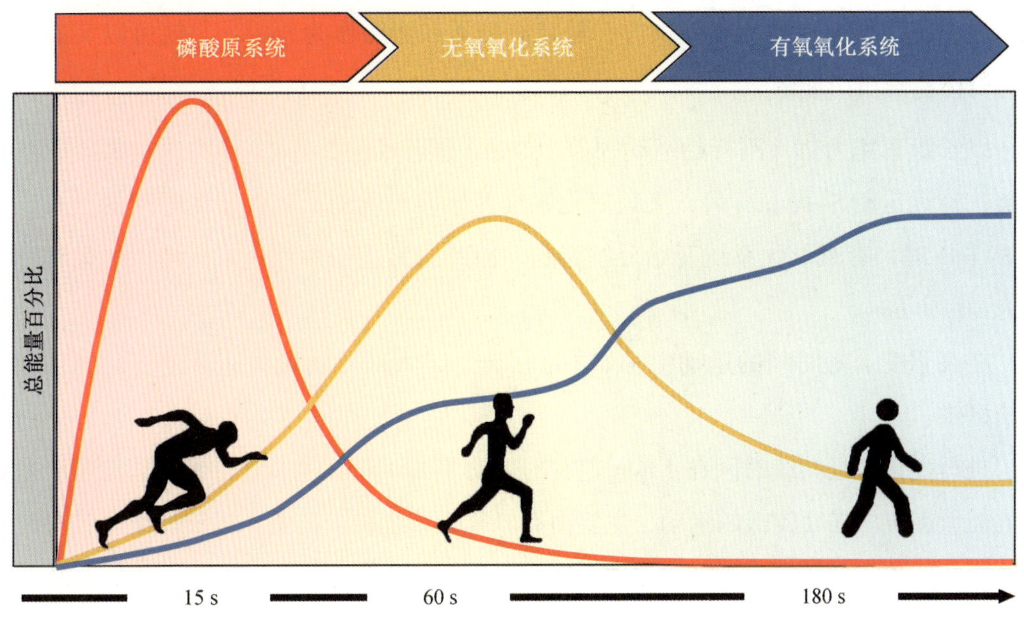

图 1–22　三大供能系统的关系

1. 磷酸原系统

磷酸原系统又称为磷酸肌酸（Creatine Phosphate，CP）系统，是指将储存在肌肉内的 CP 分解为肌酸和磷酸并释放能量。这些能量可用于将 ADP 重新合成 ATP。磷酸原系统可以在瞬间提供大量能量，然而肌肉内的 CP 含量很少，全部能量在 10 s 内就会被耗尽。

2. 无氧氧化系统

无氧氧化系统又称为无氧糖酵解系统和乳酸能系统，是指让肌肉中储存的糖类经过多次分解，再转换为丙酮酸并释放能量，从而使 ADP 重新合成为 ATP。无氧氧化系统首先通过分解血液中的葡萄糖提供能量，当运动而导致血糖不足、无法供能时，再通过分解肌肉和肝脏中储存的糖原，用于 ATP 再合成。该系统的运转速度和维持时间在三大供能系统中处于中等水平，完全转换的能量会在 30 s 左右耗尽。

3. 有氧氧化系统

有氧氧化系统是通过让系统生成的丙酮酸和血液中的脂肪酸进入细胞线粒体中的三羧酸（Tricarboxylic Acid Cycle，TCA）循环，生成 ATP。虽然有氧氧化系统的运转速度较慢，但只要有充足的氧气供应，并且有糖类和脂肪作为原料，它就可以实现长时间为身体持续供应能量。

以长距离跑为例，刚开始运动的前 100 m，即开始的 3~5 s，肌肉通过磷酸原系统供能；持续运动 5~10 min 后，无氧氧化系统开始参与供能；随着运动时间的延长，在约 30 min 时，有氧氧化系统开始分解脂肪。因此，为达到减肥效果，理想的运动时间应为 30~60 min。

在高强度、短时间的运动中（如 100 m 跑），大部分能量由运转速度快的磷酸原系统提供。

进行高强度且持续时间在 1 min 左右的运动（如 400 m 跑）时，无氧氧化系统是主要的能量来源。强度较低的运动，主要由有氧氧化系统供应能量，能够持续较长时间。

而长距离、持续时间较长的项目（如 5 km 跑、马拉松等），则主要依靠有氧氧化系统提供能量。

五、肌肉的收缩与联动

在了解完肌肉的基本形态和能量供给以后，我们来学习肌肉是如何收缩，以及是如何通过联动完成动作的。

舰载机飞行对操作动作的精准度要求要远高于陆基飞行，并且着舰过程中对油门、杆、舵的操作频率也要比陆基飞行时高出数倍。因此，对舰载机飞行人员身体的神经支配能力、肢体肌肉的耐力及放松能力都有着更高的要求。

在日常进行体育运动时，人体大脑会发出指令，使肌原纤维中的肌节内纤细的细肌丝穿插到较粗的粗肌丝之间，从而产生收缩，使肌原纤维缩短变粗。这就是肌肉收缩的原理。

1. 肌肉的收缩

肌肉的收缩根据活动方式，一般分为等长收缩（lsometric contraction）、等张收缩

（isotonic contraction）和等动收缩（isokinetic contraction）三大类。

①等长收缩是指肌肉在不改变其长度的前提下产生力量。例如，在静态推墙的过程中，身体不进行移动的同时，肌肉向物体施加力量，这种静止不动但持续施力的状态就属于等长收缩。

②等张收缩是指肌肉在长度发生变化的同时产生力量的收缩方式。进一步细分，等张收缩可分为两类：肌肉缩短（如屈肘）时产生力量的称为向心收缩；肌肉舒张时产生的力量称为离心收缩（图 1–23）。

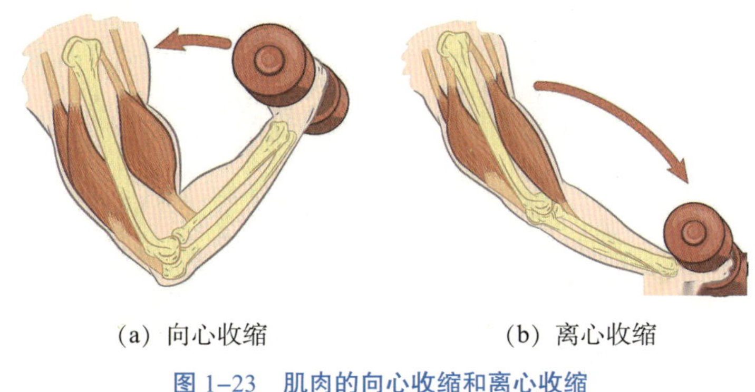

(a) 向心收缩　　(b) 离心收缩

图 1–23　肌肉的向心收缩和离心收缩

③相对于健身器械等以恒定速度运动的物体，肌肉也以恒定速度收缩并产生力量，称为等动收缩。它算是等张收缩的“兄弟”，但肌肉以恒定速度收缩的特点将它与等张收缩区分开来。

在实际的体育运动过程中，肌肉收缩一般不会单独发生。多数情况下，离心收缩紧接着发生向心收缩，这种组合被称为拉长 – 缩短周期。对于飞行人员而言，这种收缩组合训练对于提升肌肉的灵活性和爆发力尤为重要。

2. 肌肉的联动

人体做出动作时，其核心收缩的肌肉被称为主动肌。除了主动肌收缩外，还需要一些其他肌肉收缩来加强这一动作，这些肌肉称为协同肌。对抗肌则是指主动肌在收缩过程中，位于主动肌相反一侧并同时舒张伸长的肌肉。

当肌肉（主动肌）发挥作用时，与之相应的对抗肌会自发地舒张，以确保动作顺利完成，这种协调作用被称为交互神经支配。

例如，当弯曲肘关节时，肱二头肌作为主动肌收缩。同时，肱三头肌受交互神经支配，收到放松指令并舒张伸长。

相反，伸直肘关节时，肱三头肌作为主动肌收缩，肱二头肌作为对抗肌舒张。虽然对抗肌的舒张是自发的，但如果完全放松不用力，可能会引发关节疼痛。因此，需要保持微微紧张的状态，以便调整运动速度和角度，确保动作顺利完成（图 1–24）。

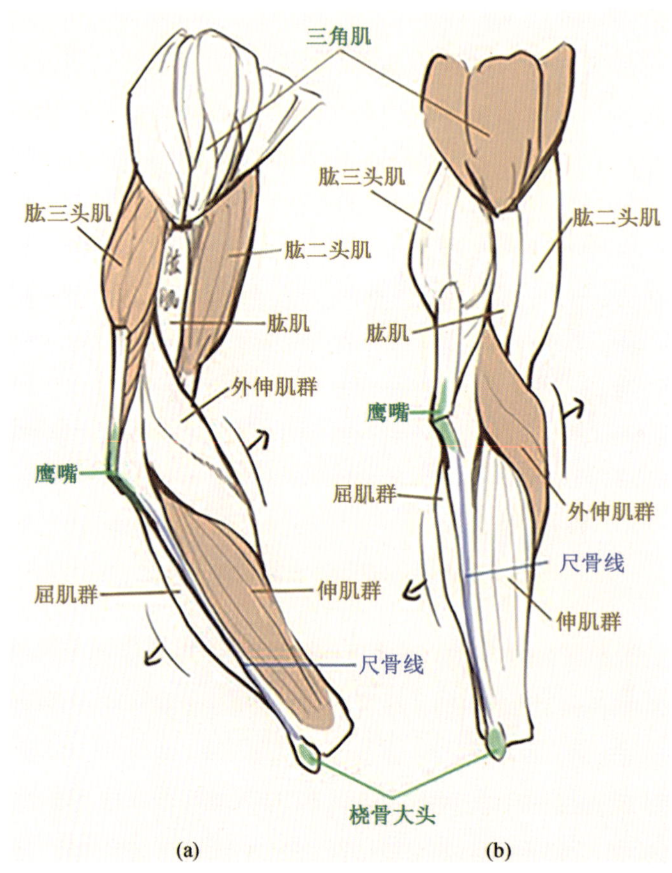

图 1–24　人体手臂肌群分布示意图

锻炼某块肌肉时，同时锻炼其协同肌和对抗肌，可以优化肌肉力量的平衡，从而让肌肉的力量得到更好的发挥。

相反，如果只偏重于某一块肌肉的练习，薄弱处肌肉会变得紧张，进而引发肌肉、肌腱和关节的疼痛。

此外，在肌肉拉伸时，有意让主动肌相对应的对抗肌收缩，能够更有效地帮助主动肌拉伸。

只有当主动肌、协同肌和对抗肌这三者各自发挥作用时，才能顺利完成关节动作。

在体育运动中，理解每个动作的主动肌、协同肌和对抗肌分别是什么，能提高在运动中的表现，并有助于预防运动损伤，如图 1–25 所示。

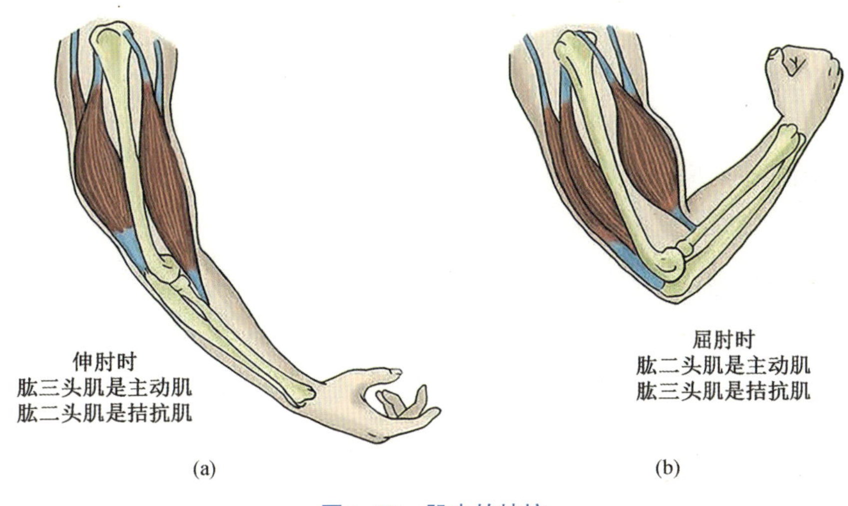

图 1–25　肌肉的拮抗

六、杠杆结构

几乎所有的关节运动都基于杠杆原理。以关节为支点，肌肉附着部分为动力，骨骼作为阻力，进而将肌肉收缩的力量传递给骨骼。人体中常见的杠杆结构主要有以下三类。

第一类杠杆：按照“动力—支点—阻力”排列的杠杆多位于颈部，其特点是稳定性强，用很小的力量就能产生较大的作用力，如颈部的前后曲（图 1–26）。

第二类杠杆：按“支点—阻力—动力”排列的杠杆多位于足跟部，其特点是动作幅度小，但能用很小的力量移动较重的物件，如踮脚（图 1–27）。

第三类杠杆：人体内部的杠杆结构主要是按照“支点—动力—阻力”顺序排列的，其特点是阻力小、移动距离远且速度快，如屈肘（图 1–28）。

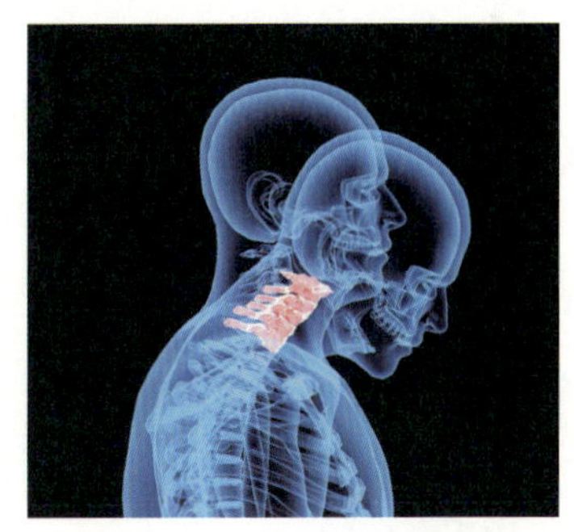

图 1–26　颈部的前后曲

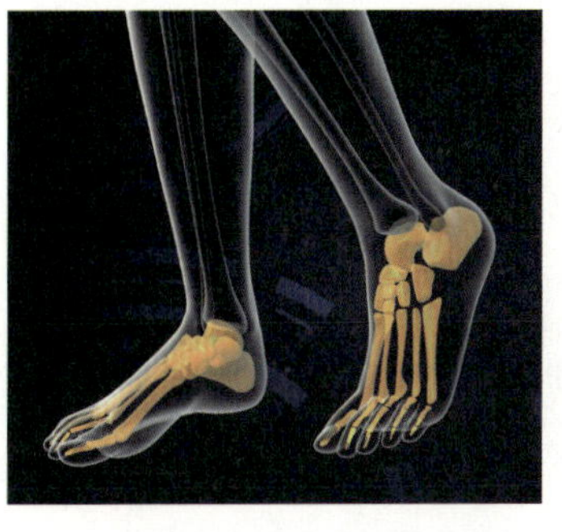

图 1–27　踮脚

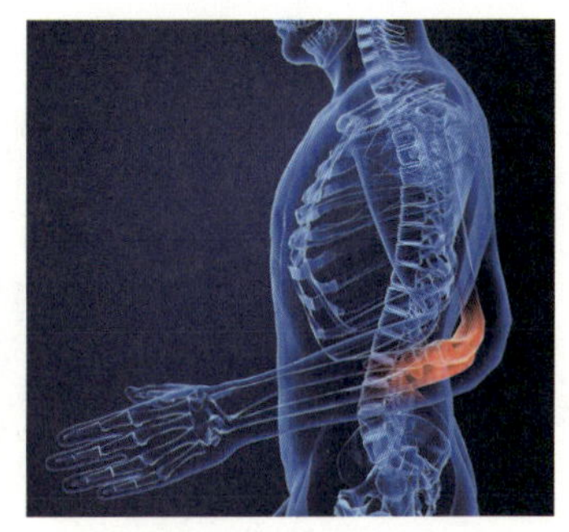

图 1–28　屈肘

七、活动度

讲完运动的杠杆原理，紧接着我们再来聊一聊“活动度”，所谓活动度是指关节的活动角度，它控制着动作的幅度和产生力量的关节结构。

运动是通过肌肉根据大脑的指令进行收缩，带动骨移动，从而使关节角度变化来实现的。当进行屈伸运动或扭转身体的动作时，相关关节在最大限度下能够活动的范围称为活动度。

因为人体内各种各样的关节结构不同，所以各自的标准活动度也不相同。有像膝关节（图 1–29）这种只能在单方向活动的关节，也有像肩关节（图 1–30）和髋关节（图 1–31）这种可向多个方向活动的关节。此外，关节的活动范围可分为自主活动范围和借助外力的活动范围。

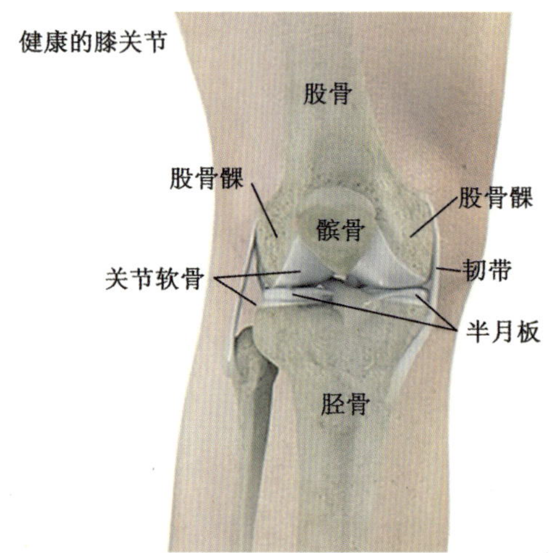

图 1–29　人体膝关节结构图

活动度受肌肉的柔软度和关节结构的影响，当肌肉柔韧性低，或是关节疲劳有损伤时，活动度就会受到限制。

活动度存在左右差别，如果某个关节的活动度明显小于邻近关节，负担会集中到活动度大的关节上，从而增加损伤的风险，因此，保持平衡的关节活动度非常重要。

此外，关节活动角度对肌肉力量的发挥也有影响。在关节屈曲到一定角度时，最容易发挥肌肉力量，但如果超出这个范围，肌肉力量便会降低。

在与对手竞争的格斗类体育项目中，关节并非一直保持在最佳角度，因此进行肌肉力量训练时，必须要注意关节的不同角度。在实际训练中，除了要寻找能产生最大力量的角度外，也要进行其他角度的训练。在航空体育训练中，尤其是为舰载机飞行人员设计的训练，经常需要强化与飞行相关的肌肉和关节群，主要是对上下肢、腰腹肌、颈肩肌进行跨多关节力量训练。这类训练通常侧重于中等强度的力量训练，并要求快速完成动作，以适应舰载机飞行人员操作时所需的高频率响应。

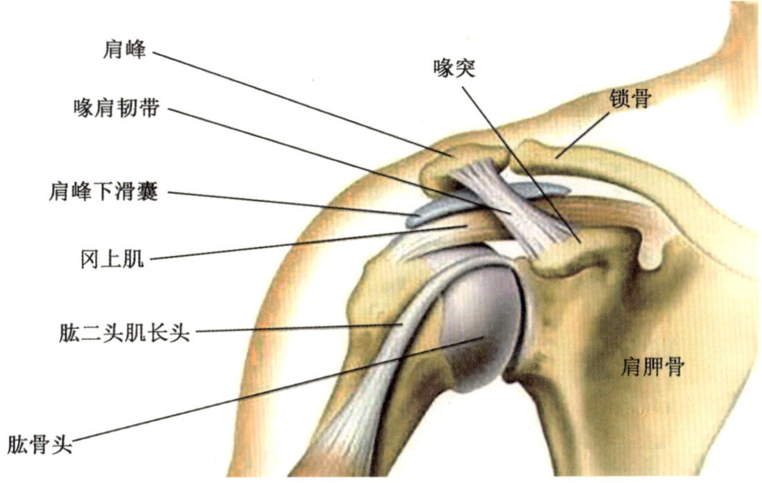

图 1–30　人体肩关节结构图

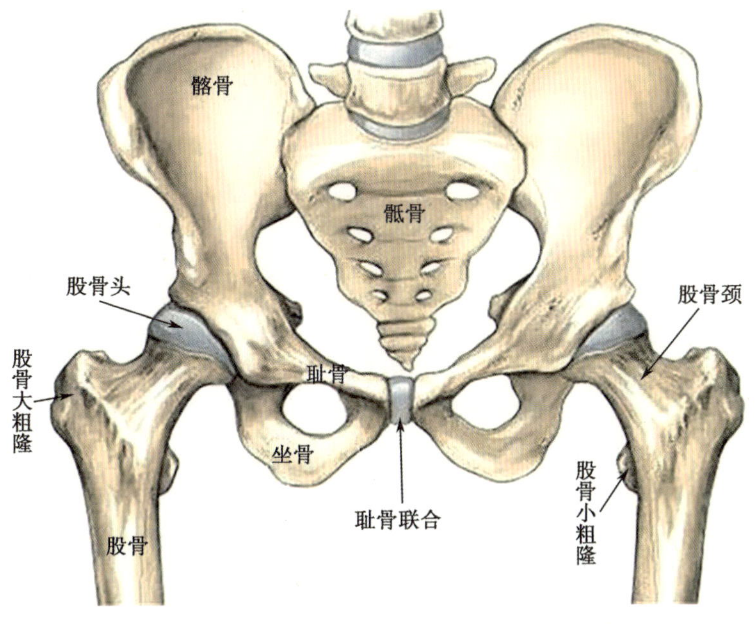

图 1–31　人体髋关节结构图

第二章 航空体育中的体能训练知识

航空体育训练能够提升舰载机飞行人员的身体能力（简称“体能”）。良好的体能是舰载机飞行人员执行舰载飞行任务的基础，需要通过有针对性的航空体育训练来获得。

由于职业的特殊性，舰载机飞行人员的体能要求与优秀的竞技体育运动员一样，涵盖了力量、速度、耐力、灵敏、爆发、平衡、柔韧等多个要素。在进行这些要素的训练时，必须结合舰载飞行项目的实际需求。因此，本章主要围绕舰载机飞行人员体能素质训练的基础理论及常见的训练方法展开阐述。

第一节　力量素质训练

人体的任何活动都依赖于肌肉的收缩力量，它维持着人类的生活能力。如果丧失了肌肉的收缩能力，任何活动都将无法进行。人们的跑、跳、投、攀登、爬越等各种运动技能和体力劳动，均离不开力量素质的支撑。

力量素质表现为一个人所能发挥的作用力的大小，它通过主动运动器官——肌肉，在不同的负荷强度、收缩速度和持续时间的条件下，带动被动运动器官——骨骼的移动来实现。在飞行人员的各项身体素质（或体能素质）中，力量素质不仅是飞行人员所有身体素质的基础，也是掌握航空体育技能的必要条件。

扫码查看动画

一、力量素质的概念及分类

力量素质对航空体育的各项训练都有极大影响，它不仅是飞行人员开展航空体育训练的基本素质，也是衡量飞行人员身体训练水平的重要指标。

1. 力量素质的概念及作用

力量素质是指人体神经肌肉系统在工作时克服或对抗阻力的能力，它是各项身体素质的基础。由于人体所有的运动都是由对抗阻力而产生的，而对抗阻力的动力来源于骨骼肌收缩时产生的张力——力量，因此力量在各项身体素质中占有重要地位。如果其他方面都相等，较大的力量通常能带来更好的运动效果。增加力量不仅有助于耐力的发展，也能促进耐力的提升。力量也是速度素质的一个重要因素，在做单个动作时，肌肉力量越大，越能克服肌肉内部及外部的阻力，从而快速完成动作。此外，力量素质也影响了灵敏素质，较大的力量可以更好地对抗地心引力，更快地移动身体，进而提升灵敏性。因此，各种体能训练都特别强调力量素质的训练。

2. 力量素质的类型

在航空体育训练领域，根据航空体育训练的不同训练项目和内容所表现的力量素质形式（即肌肉收缩形式），一般将力量素质分为静力性力量和动力性力量两类。

静力性力量是指在运动时，肌肉主要通过等长收缩产生的张力，目的是使肢体保持在某一特定位置或姿态。

动力性力量是指在运动时，肌肉通过等张收缩产生的张力，使身体产生明显的位移。动力性力量又分为重力性力量和速度性力量。

二、力量素质的生理基础

人体的所有运动都是由对抗阻力而产生的，当人体进行跑、跳、投等运动时，身体各部位必须展现出较大的力量。例如，跑速和游速的快慢与肌肉力量大小密切相关。因此，力量素质受到骨骼肌和其他相关因素的影响。力量素质的大小取决于以下几点。

1. 肌肉的生理横断面积

肌肉的生理横断面积是指垂直通过某块肌肉所有肌纤维的横断面积。肌肉生理横断面积的大小由肌纤维数量、每条肌纤维的横径和肌纤维的排列方向决定。肌肉的力量主要依赖于肌肉的生理横断面积，即生理横断面积越大，肌肉的力量也越大。单位横断面积的肌肉力量大致相同，但个体之间存在相当大的差异（图 2–1）。

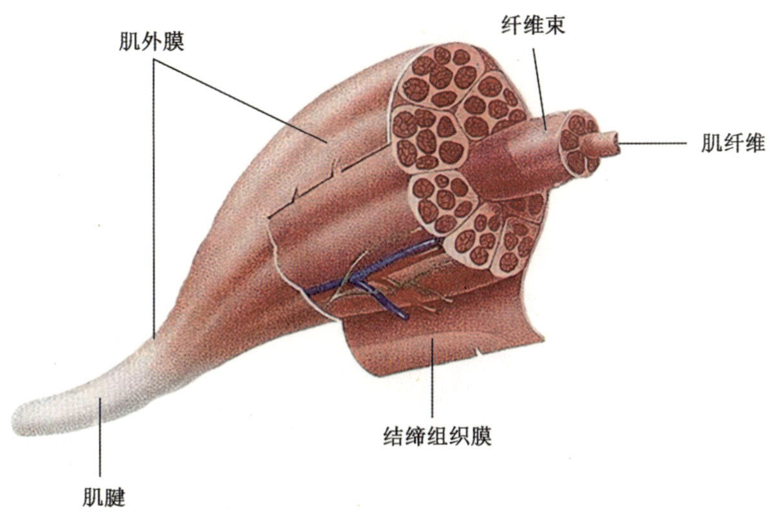

图 2–1　人体肌肉的生理横断面

力量训练可以使肌肉生理横断面积增大，这种增大是通过肌原纤维数量增多和增粗，进而使肌纤维增粗。随着肌纤维的增粗，肌肉内部也会发生一些生物化学改变。通过采用等动负荷、高强度、慢速度的力量训练，可以增加肌肉中的肌糖和 CP 含量，同时提高肌肉酶活性，使肌肉在收缩时的能量供应更充足和及时，力量也随之增大（图 2–2）。

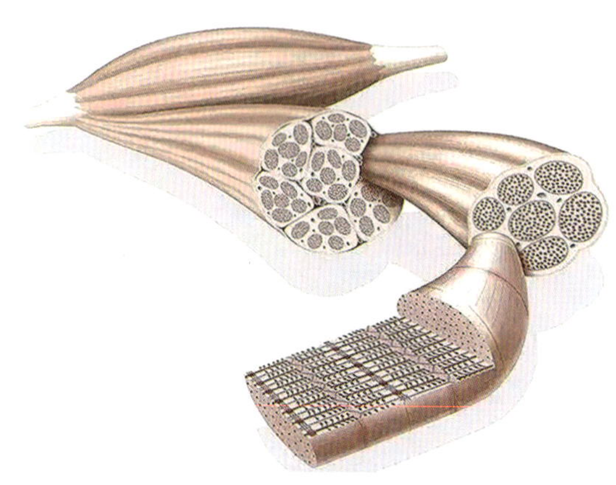

图 2–2　肌纤维示意图

2. 肌纤维类型

肌纤维根据其收缩特性可分为快肌纤维和慢肌纤维两大类（图 2–3）。快肌纤维比慢肌纤维能产生更大的力量。实验证明，骨骼肌中快肌纤维所占的比例越高，横断面积就越大，而肌肉的收缩力量也就越大。然而，在这两个因素中，快肌纤维的横断面积对力量的影响更大。

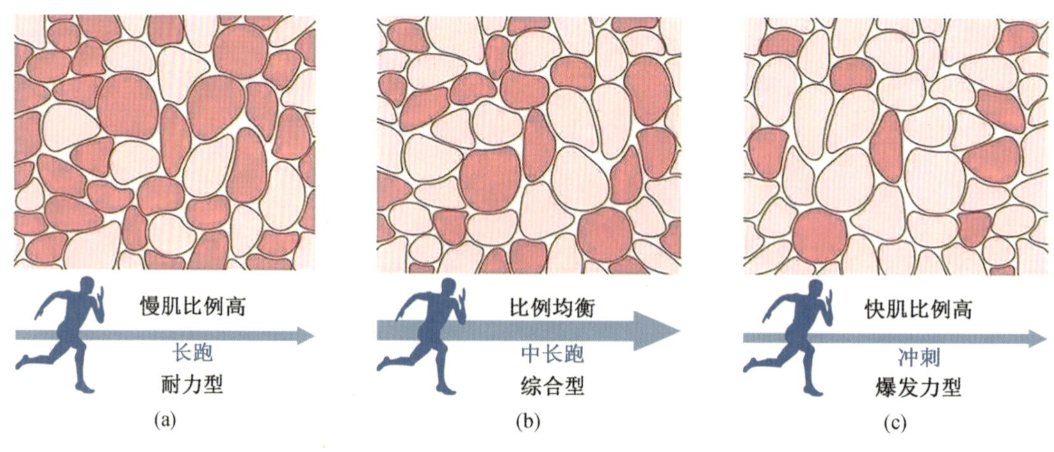

图 2–3　人体肌纤维收缩特性比例对比图

3. 肌肉的长度

人体力量的大小取决于肌肉体积的大小，肌肉体积的发展潜力又主要取决于人体的肌肉长度（指肌肉两端肌腱之间的长度），肌肉长度主要受遗传因素的影响。此外，肌肉收缩前的初长度会影响肌肉收缩力量。在一定范围内，肌肉的初长度与肌肉收缩时产生的力量成正比关系（图 2–4）。

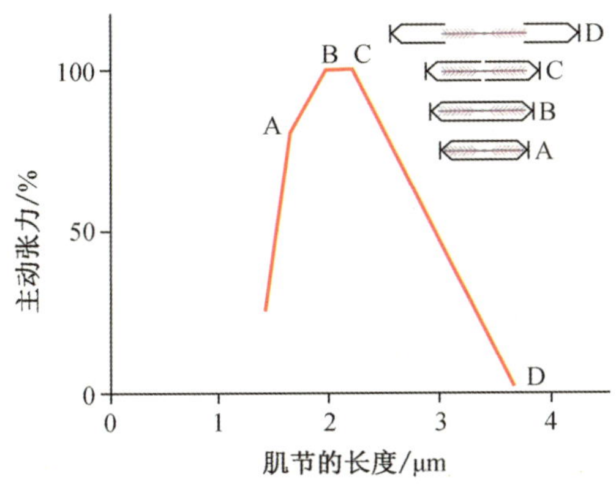

图 2–4　人体肌肉长度与主动张力比例图

4. 肌肉生化成分的适应变化

在力量训练过程中，随着肌肉的增大，还会引起一些生物化学方面的变化。例如，肌红蛋白含量增加，使肌肉的贮氧能力得到提升；力量训练还可以增加肌糖原和 CP 的含量，并提高 ATP 酶和磷酸果糖激酶的活性。这些变化为肌肉收缩提供了更充足的能源，从而增强了肌肉的收缩力量。

5. 中枢神经系统发放冲动的强度和频率

肌肉力量不仅与肌肉的体积大小有关，还与神经系统对肌肉的调节功能密切相关。

（1）运动中枢的机能状态

力量训练可以使运动中枢的机能得到改善，使其能够产生更强、更集中的兴奋过程，并发放同步的高频率兴奋冲动来增强肌肉的收缩力量。运动中枢发放冲动的频率越高，支配肌肉的运动神经元同时兴奋的数目越多，即参与工作的运动单位越多，从而使每一个运动单位发生最大的紧张性变化。肌肉中参与活动的运动单位数目越多，肌肉的收缩力量便越大。

实验证明，肌肉进行最大用力收缩时，缺乏训练或训练水平低的人，只能动员肌肉中60%的肌纤维参与工作，而训练良好的人则可以动员90%的肌纤维参与工作，从而表现出更大的力量。这说明力量训练可以改善运动中枢募集运动单位的机能能力。其原因主要与运动神经元的分级抑制效应有关，训练可以解除原本受到抑制的运动神经元，此外，在一定条件下（如遇到危险或发出喊声等）这种抑制的解除也可以使肌肉力量增强。

（2）肌肉工作的协调能力

力量训练可以改善神经中枢间的协调能力，使支配各肌群的神经中枢能够准确而及时地产生兴奋或抑制过程，并能够适时互相转换，从而使主动肌、协同肌、对抗肌、支持肌的工作更加协调，进而增强肌肉力量。通过对肌电图的研究表明，训练有素的运动员做动作时，肌肉动作电位更集中，这表明经过力量训练的肌肉收缩与放松协调得更好，有助于充分发挥肌肉力量（图2–5）。

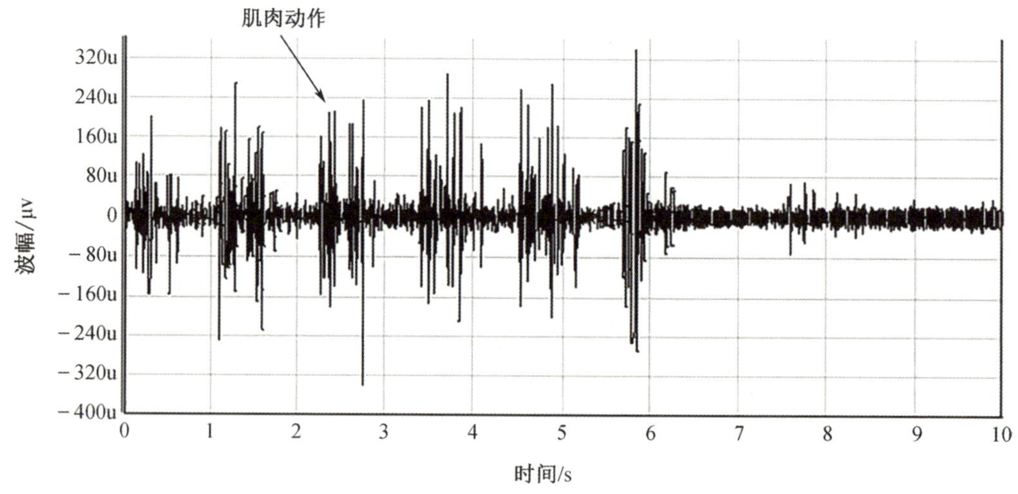

图2–5　人体正常肌电图

三、发展力量素质的注意事项

力量训练是航空体育训练的重要环节，对于飞行人员提高战斗力，并在实际任务中保持良好身体状态具有非常重要的作用。正确认识力量训练并在航空体育训练中科学发展力量素质，需要把握好力量素质训练的原则，同时应注意一些关键问题。力量素质训练的原则有以下几方面。

1. 超负荷原则

负荷是决定力量发展的关键因素。所谓超负荷是指负荷接近本人平时所能克服的最大阻力或超过以往已适应的负荷。超负荷训练能对肌肉产生较大刺激，使肌肉产生相应的生理学适应，进而增加肌肉力量。如果训练中只使用日常能够克服的阻力练习，肌肉力量只能维持现有水平，难以进一步提升。因此，想要有效增加肌肉力量，必须采用对抗最大或接近最大阻力的练习，这种练习能有效刺激肌肉纤维，促进其生长和力量提升（图 2–6）。

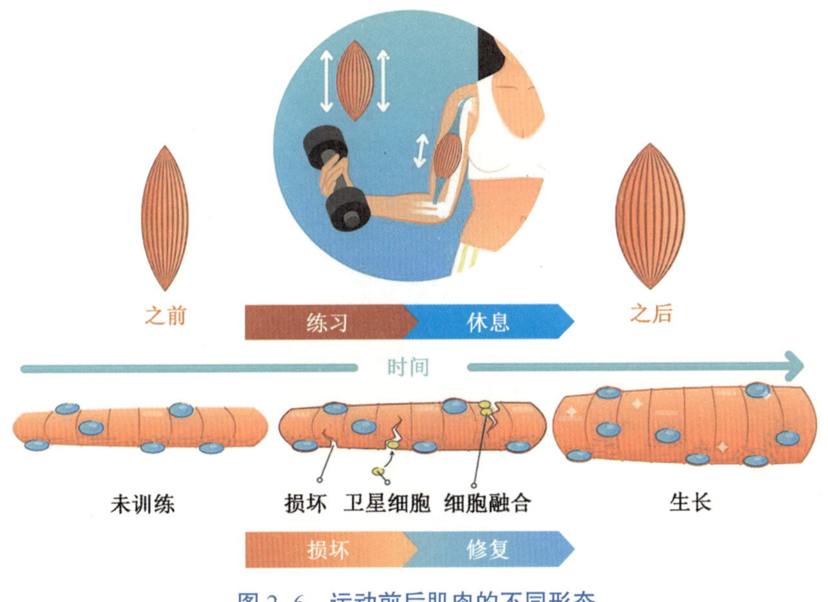

图 2–6　运动前后肌肉的不同形态

2. 渐增阻力原则

在力量训练过程中，负荷训练会使肌肉力量增长，随着力量的增长，应逐渐地增加负荷，使肌肉经常保持在超负荷的条件下工作，从而有效发展肌肉力量，最大限度地激发力量潜力。

3. 针对性原则

力量训练要有针对性，应尽量与专项力量的要求及专项技术结构特点相一致。发展肌肉力量时，不仅要着重提升与运动专项相关肌群的力量，还要使这些肌群的运动形式与正式动作在结构上极其相似。因为不同的专项练习对身体各肌群参与活动的要求不同，而不同的活动部位和动作结构对神经系统协调能力、运动单位的募集及局部肌肉的代谢也有不同的影响。因此，力量练习最好与动作技能结合进行。

4. 合理练习顺序原则

在力量训练中应考虑肌群的练习顺序，一般应先练大肌群，后练小肌群，因为小肌群在负荷中比较易疲劳，在一定程度上会影响大肌群的工作能力。此外，还应注意不要在前后两个相继练习中使用同一肌群，以保证肌肉在每次负荷后有足够的恢复时间。

5. 系统性原则

不同的力量训练间隔频率安排，对力量增长的效果也有不同的影响。实践证明，训练频率高、力量增长急速的人，停止练习后力量消退得也快；而训练频率较低、训练时间较长、力量缓慢增长的人，停止练习后力量保持的时间则相对较长。

四、力量素质训练应注意的几个问题

1. 负荷大小

使用不同的负荷，力量训练的效果也不同。一般来说，大负荷训练可以使肌肉力量增长明显，但肌肉体积增加不明显；中等或中上负荷训练可使力量、肌肉体积都明显增加；小负荷训练则可以改善肌肉耐力。

2. 动作速度

进行力量练习时，动作速度的快慢也影响训练效果。进行不同速度的收缩运动时，动员的肌纤维类型也不同。因此，进行速度性力量项目时，应多采用连续、快速、挺举等练习，负重可以较轻，但速度必须要快。当然，也不排斥进行大负重练习，因为大负重练习时，快肌纤维几乎全部被动员，这也有助于发展爆发力。

3. 训练频率

隔天训练力量的增长效果比每天练习更为显著。力量增长后，如果能每两周训练一次，就基本能维持已有的力量水平。

第二节　速度素质理论

速度素质是人体进行快速运动，或用最短的时间完成某种运动的能力，它包含反应速度、动作速度、起动速度、加速度、最高速度、高速耐力等内容。按速度素质的运动表现可以分为以下几类：反应速度，即对发生各种刺激反应的能力；动作速度，即完成单个动作时间的长短；周期性运动的移动速度，即在周期性运动中，人体通过一定距离时间的长短（图 2–7）。

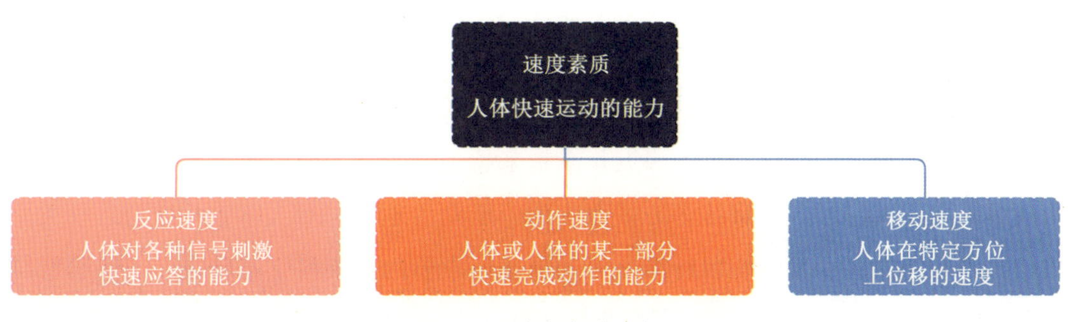

图 2–7　速度素质分类

速度素质是人体快速完成动作的能力和反应时间的总称，是各个运动项目的核心身体素质之一，也是所有训练中的关键要素。速度和运用速度的能力几乎在所有航空体育训练课目中不可或缺，对训练效果和飞行任务的安全有着重要影响。因此，研究速度素质的生理基础，探索速度训练的基本规律，对于提高飞行人员的体能素质和任务完成能力至关重要。

一、速度素质的生理基础

1. 速度与供能系统

人体快速运动能力与供能能力密切相关。在磷酸原系统、无氧氧化系统和有氧氧化系统这三个供能系统中，人体运动速度主要是依靠磷酸原系统的供能。

磷酸原系统由 ATP 和 CP 组成。ATP 是人体所有活动的直接能源，而 CP 在肌肉内的储藏量很少，即使在最大功率输出下也仅能维持 2s 左右，当 ATP 被消耗后，肌肉中的 CP（为 ATP 的 3~5 倍）会迅速释放能量供 ATP 再合成。磷酸原系统的仅能维持 10 s 左右。运动时间再长，无氧氧化系统会接替供能，这一供能系统可以维持 30 s 左右的运动，超过这段时间就要依靠有氧氧化系统来持续供能。

扫码查看动画

因此，训练中可以根据运动项目持续时间的长短，确立需要发展的供能系统。由于速度素质主要是依靠磷酸原系统供能的，因此提高 ATP 和 CP 的储存量，保证它们在能量释放和转变过程中酶的活性，是提升速度的关键。

2. 速度与肌纤维

研究证明，肌纤维可分为快肌纤维和慢肌纤维两类。运动生理界对于个体快肌纤维和慢肌纤维的分布有两种不同的观点。早期的观点认为，肌肉纤维类型的百分化构成是“自然选择”的结果；然而，近年来越来越多的研究表明，肌纤维类型的百分比构成是可以通过后天运动训练等方式改变的。运动生理学家对人体肌纤维与运动关系进行了深入的研究，发现快肌纤维是运动员速度素质的重要科学基础之一，快肌纤维的百分比越高，且快肌纤维越粗，肌肉收缩速度越快，发展速度的潜力也就越大(图 2–8)。

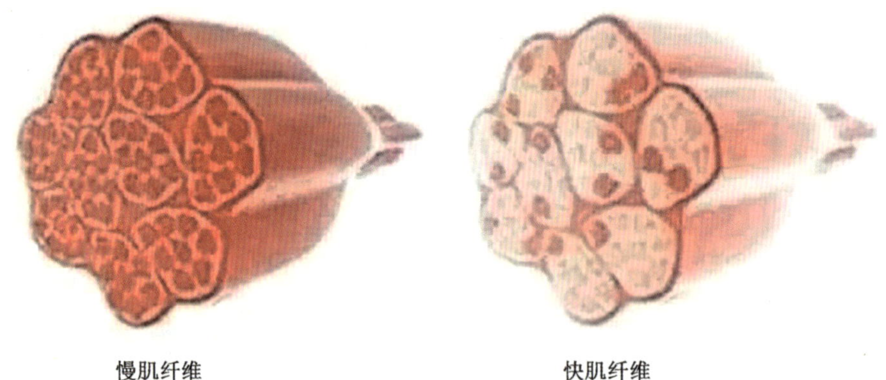

图 2–8　慢肌纤维与快肌纤维的对比

3. 速度素质与神经系统

速度素质，尤其在进行高频率动作时，取决于运动神经中枢兴奋与抑制的转换速度，即神经过程的灵活性。进行快速和高频率动作时，中枢神经系统的效应冲动通过运动神经元以集中的“排炮”的形式发放出来。为了实现这一点，神经过程的灵活性与兴奋性起着决定性作用。

肌肉活动受人体的中枢神经系统支配。中枢神经系统可以通过改变骨骼肌参与工作的运动单位数量和骨骼肌的运动神经冲动发放频率，来影响肌肉力量的发挥，进而影响动作速度的快慢。肌肉收缩时，动员的运动单位数量越多，肌肉力量越大，肌肉收缩速度就越快。当动员的运动单位数量不变时，中枢神经系统发出的神经冲动频率越高，肌肉收缩力量越大，肌肉收缩速度也就越快。

神经肌肉间的协调能力也会对动作的速度产生影响。在神经系统的调节下，可以改善主动肌、协同肌、对抗肌、支持肌之间的协调关系。当协同肌群和支持肌的力量相对提高，同时对抗肌的放松能力得到改善时，主动肌就可以更有效地完成动作并发挥更大的力量，从而更有利于速度的提升。

只有当相关神经兴奋与抑制快速交替时，人体动作才能获得较高的频率。例如，在跑步时，大腿向前上方摆动，屈肌中枢兴奋，在功能上与之相对抗的伸肌中枢相应被抑制，使伸肌群松弛、拉长，从而确保屈肌最大限度地收缩。当运动员伸腿时，伸肌中枢迅速由抑制转为兴奋并强力收缩，屈肌中枢则由兴奋转为抑制、松弛并拉长。肌肉间协调工作关系得到改善，神经兴奋与抑制的转换加快，从而提高动作速度和动作频率。此外，反应速度的快慢取决于兴奋通过神经传导所需要的时间，即反应时的长短，反应时越短，反应速度越快；反之则亦然。

4．反应速度的生理基础

反应速度是指人体对各种信号刺激（声、光、触等）快速应答的能力。反应速度的快慢取决于兴奋通过神经传导所需要的时间，并且与神经肌肉组织的兴奋性和灵活性有关。反应速度的生理指标通常是采用反应时来衡量。反应时的长短取决于感受器接受刺激后产生的兴奋，兴奋沿神经传递，直至引起肌肉开始兴奋所需要的时间。反应速度还与中枢神经系统的兴奋状态密切相关，当人体处于良好的训练状态时，反应时会缩短（图 2–9）。

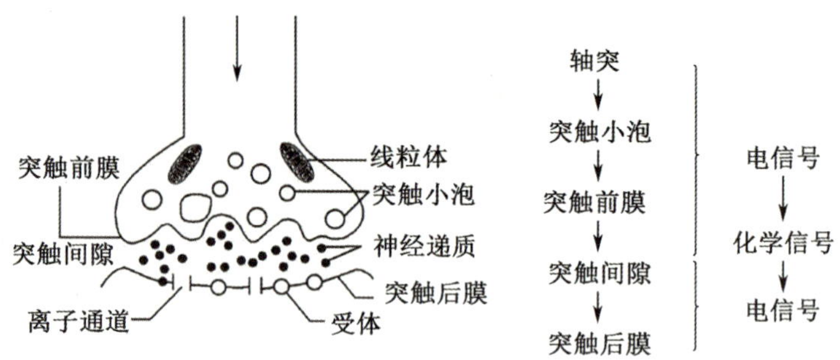

图 2-9　兴奋在神经元间的传递过程

此外，当身体处于一定的肌肉紧张准备状态下，反应时也可以缩短。反应速度还取决于条件反射巩固的程度，通过体能训练，反应速度可以缩短 11%~25%。

5．动作速度的生理基础

动作速度是指人体或人体的某一部分快速完成某一动作的能力。动作速度是技术动作不可缺少的要素，表现为人体完成某一技术动作时的挥摆速度、击打速度、蹬伸速度和踢踹速度等。此外，它还包括在连续完成单个动作时单位时间内的重复次数（即动作频率）。

动作速度的快慢取决于以下因素。

第一，肌纤维类型的组成比例及其面积。肌肉中快肌纤维占优势是速度素质重要的结构基础之一，快肌纤维比例越大，且快肌纤维越粗，肌肉收缩速度就越快。

第二，肌肉的收缩力量。肌肉力量越大，越能克服肌肉内部及外部阻力，从而完成更快速的动作。因此，所有能影响肌肉力量的因素也会影响动作速度。

第三，肌肉组织的兴奋性。肌肉组织兴奋性高意味着只需较低的刺激强度和较短的作用时间就能引发肌肉组织的兴奋。

第四，条件反射的巩固程度。条件反射越巩固，动作越熟练，动作速度就越快。

此外，动作速度也与神经系统对肌肉的调节能力有关。在完成成套动作时，动作速度还与肌肉的无氧代谢能力密切相关。

6．位移速度的生理基础

位移速度是指人体在特定方向上移动的速度，以单位时间内机体位移的距离为评定指标。以跑步为例，周期性运动的位移速度主要取决于步长和步频两个因素及其协调关系，步长和步频又受多种生物学因素的制约。步长主要依赖于肌力的大小、肢体的长度及髋关节的柔韧性；而步频主要取决于大脑皮质运动中枢的灵活性、各中枢间的协调性，以及快肌纤维的比例和肥大程度。神经过程的灵活性良好、兴奋与抑制的转换速度快，是实现肢体动作快速交替的前提。各肌群间协调关系的改善可以减少对抗肌群紧张带来的阻力，从而能更好地发挥速度优势。因此，在周期性运动项目中，肌肉放松能力的提升，也是提高速度的一个重要因素。此外，速度性练习时间短，主要依靠磷酸原系统供能。肌肉中 CP 含量的高低是速度素质重要的物质基础。研究表明，随着训练水平的提高，通过速度训练可以增加肌肉中 CP 的储备量。

二、发展速度素质的注意事项

在发展速度素质时，应注意以下要点：合理安排速度素质练习的顺序与时间；通过发展力量和柔韧等来促进速度素质；确保速度训练时人体处在适宜的工作状态；重视肌肉放松，以助于速度素质的提升。总的来讲，磷酸原系统供能是速度素质的生化基础，提高无氧代谢能力并增加磷酸原的储备，是发展速度素质的重要物质基础。在速度训练时，应依据磷酸原供能的特点，合理安排训练的时间、强度、次数。同时，快肌纤维的力量是速度素质重要的生理基础，也是发展速度的前提条件。因此，在训练中应采用能够动员和刺激快肌纤维的负荷与训练方式。此外，中枢神经系统的兴奋与抑制的转换速度是速度素质的重要条件，而肌肉的协调放松能力则是速度素质提高的关键因素。因此，进行速度训练时，应重视技术动作的协调与放松。

第三节　耐力素质理论

良好的耐力素质是飞行人员身体训练的重要内容之一，也是飞行人员锻炼抗疲劳能力的重要方式。飞行是一种体力和脑力并用的复杂运动，尤其对舰载机飞行人员而言，驾驶、领航、通信、射击等任务均由一人完成，要求手脚协调操作，耳听指挥，眼观察搜索，并在有突发情况时瞬间做出判断和应对。在完成任务后，陆基飞行人员返航时，看到机场便可进行降落操作，但舰载机飞行人员在完成任务后还需在航母上降落，这对飞行人员的体力提出了更高的要求。

此外，在复杂气象条件和夜间飞行时，舰载机飞行人员的精力负担更重，加上缺氧、低气压、过负荷、震动、摇晃、颠簸等因素，容易引发疲劳，使舰载机飞行人员感到乏力、头昏脑胀、反应迟钝，甚至产生错觉。这些影响可能会降低其空间定向能力、抗荷能力和缺氧耐力，从而影响训练和作战任务的完成。

从人体运动时的供能特征来看，耐力素质可分为有氧耐力和无氧耐力。耐力素质的训练在航空体育各项目的训练中占据重要地位。一般来说，耐力素质的训练较为耗时、耗力，但科学的训练方法可使体能水平得到显著的提高，尤其是在耐力素质方面。

一、耐力素质的概念

耐力是指人体长时间进行肌肉工作的能力。耐力的分类及命名十分庞杂，按运动时的外在表现，可划分为速度耐力、力量耐力、静力耐力、一般耐力、专项耐力等；按该项工作所涉及的主要器官，可分划为呼吸 – 循环系统耐力、肌肉耐力、全身耐力等；按所参加运动的能量供应特点，可划分为有氧耐力和无氧耐力；按工作时所处的环境，可划分为高温工作的耐力、低温工作的耐力、低气压环境下工作的耐力等。本书则着重从能量供应的角度介绍有氧耐力和无氧耐力的生理基础，以及发展耐力问题（图 2–10）。

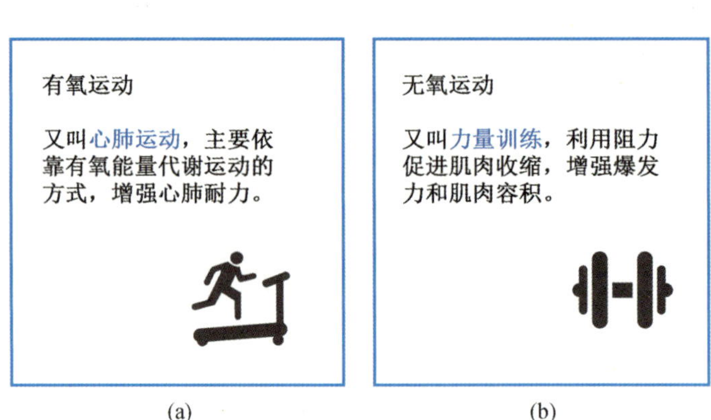

图 2–10　有氧运动和无氧运动的区别

二、有氧耐力的生理基础

有氧耐力是指人体长时间进行有氧工作（该工作是靠肌糖原、脂肪等有氧分解供能）的能力。有氧训练是指专门用于发展有氧耐力的训练方法。

1. 心肺功能

肌肉如果需要持久工作，那就必须有充足的能量供应。作为肌肉直接能源的 ATP，只有在糖和脂肪进行有氧氧化过程中才能持续地大量合成。能否持续地向骨骼肌供应充分的氧，是身体持续运动的关键。在运动中获取充足的氧气供应，取决于肺的通气与换气功能、血液的载氧功能、心脏的泵血功能，以及骨骼肌从血液中摄取氧气并在线粒体中氧化糖与脂肪的能力。

心肺功能的强弱是有氧耐力素质的重要生理基础。强有力的心肺功能，是运动中供氧充足的保证。长期进行有氧耐力训练可使心脏出现运动性肥大，这种肥大主要表现在左心室内腔的扩张和心脏容积的增大，但左心室壁厚度未见明显增厚或仅轻度增厚，这是一种适应耐力项目训练的心脏的适应。

在持续较长时间的运动中，心脏血液输出量一直维持在较高水平，此时静脉回流量增多，使大量血液充满心脏，从而引起舒张末期压升高，导致心室容量增大、心肌纤维被拉长，久而久之造成心腔扩大。此外，耐力训练还可使与心肌氧化代谢有关的蛋白质合成增强，增加毛细血管数量，从而改善心肌的有氧代谢条件。

2. 骨骼肌特点

有氧耐力的强弱与肌肉组织利用氧的能力密切相关，骨骼肌的某些适应性变化也是影响有氧耐力的重要生理因素。研究表明，长期进行耐力训练可以使骨骼肌发生有氧能力增强的适应性变化。

3. 能量供应特点

耐力运动的能量供应方式通常依靠有氧氧化系统，即糖和脂肪在氧气供应充足的条件下氧化分解，释放出长时间运动需要的大量能量。在长时间耐力训练中，肌糖原、肝糖原逐渐被消耗，脂肪供能的比例随着运动时间的延长而逐渐增加，从而提高动用脂肪供能的能力（图 2–11）。

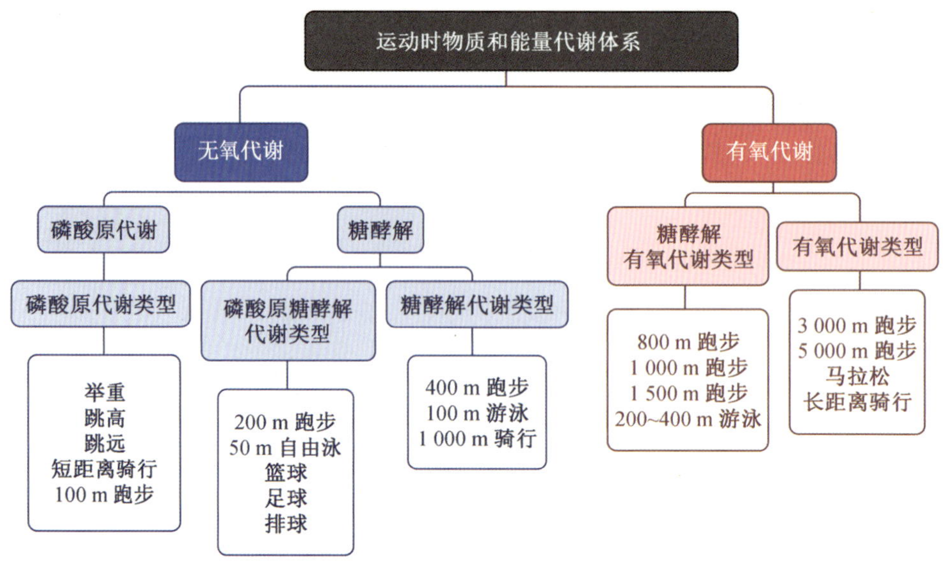

图 2–11　运动物质和能量的代谢体系

4. 神经系统的调节能力

耐力训练能提高大脑皮层神经细胞对刺激的耐受力，使其在长时间的传入冲动作用下不易进入抑制状态，从而长时间保持兴奋与抑制的节律性转换，使肌肉活动更有节律。

耐力训练还能促使运动动力定型的改善，提高各神经中枢间的协调性。首先，运动中枢的兴奋和抑制过程更加协调，从而节省能量消耗；其次，氧气运输系统的功能更好地适应肌肉活动，使吸氧量与需氧量达到相对平衡，从而能长时间地维持运动。

三、无氧耐力的生理基础

无氧耐力又称无氧工作能力，是指在运动中身体供氧不足的情况下，长时间为肌肉收缩供能的能力。无氧耐力与短时间、大强度项目的速度耐力运动密切相关。无氧耐力的生理基础主要包括肌肉内无氧糖酵解供能能力、消除乳酸的能力，以及脑细胞对血液酸碱度变化的耐受力。

1. 肌肉的无氧酵解供能能力

长期进行无氧耐力训练的练习者，其慢肌纤维的百分比较高。以跑步运动为例，长跑运动员的慢肌纤维百分比最高，中跑运动员居中，短跑运动员最低。而短跑运动员乳酸脱氢酶的活性与无氧耐力紧密相关。无氧代谢能力越强，其无氧耐力越好。无氧耐力的主要能源依赖于糖无氧酵解，因此糖酵解供能能力的优劣，是影响无氧耐力强弱的重要因素。

2．训练中消除乳酸的能力

乳酸是一种较强的酸，在肌肉中产生后会迅速进入血液。血液对乳酸的缓冲能力的强弱，主要取决于碳酸氢钠的含量。参加工作的肌肉不仅是乳酸的生成部位，同时也是氧化乳酸的主要场所。经常进行无氧耐力训练，会显著提高血液中的酶活性，从而增强血液对乳酸的缓冲能力。

扫码查看动画

3．血液缓冲乳酸的能力

血液中有许多种缓冲物质，能中和进入血液的乳酸。碳酸氢钠是一种主要的缓冲物质。运动生理学中把血液中碳酸氢钠的含量称为“碱储备”。经过无氧耐力训练的运动员的“碱储备”比一般人多10%左右。血液中的“碱储备”越多，缓冲乳酸的能力越强（图 2–12）。

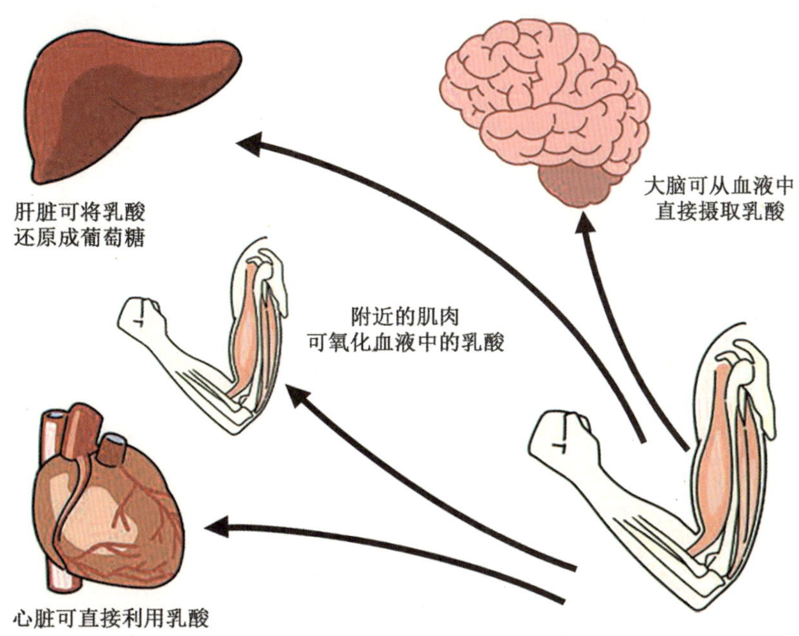

图 2–12　乳酸的形成和利用过程

4. 脑细胞对血液酸碱度变化的耐受能力

影响无氧训练的另一个重要因素就是细胞对血液酸碱度变化的耐受能力。当血液的酸碱度发生变化时，血液中的缓冲物质能部分中和进入血液的乳酸，减弱其酸性。然而，由于乳酸大量进入血液，血液依然呈酸性发展；再加上氧气供应不足导致代谢产物堆积，对脑细胞工作造成不利影响。因此，经常进行无氧训练可以提高脑细胞对乳酸的耐受能力。

四、发展耐力素质的注意事项

发展耐力素质应注意以下事项：一是在练习中要注意受训者的个体化特征，要注重激发受训者的主动性；二是有氧耐力训练应注意呼吸方法、节奏和深度；三是要注意有氧耐力与无氧耐力训练相结合，训练中动作应放松；四是在有氧耐力训练中要注意加强医务监督。

第四节　柔韧素质理论

在航空体育训练中重视柔韧素质的发展具有重要意义，飞行人员柔韧素质的高低，对完成航空体育各个项目的训练及提高训练水平有较大影响。在进行飞行操作时，柔韧度高的手指和手腕关节对保持飞机稳定性有一定的帮助。

良好的柔韧素质不仅能加大运动员的动作幅度、提高动作质量，还能使其动作的随意支配能力更加精准、流畅、轻松、协调，而且能加快掌握动作的进程，有利于技术水平的提高。柔韧素质高还有助于保持良好的肌肉弹性、预防肌肉僵硬和肌肉劳损，从而减少训练损伤（图 2–13）。

图 2-13　柔韧素质训练的部分动作

一、柔韧素质的概念

柔韧素质是指人体关节在不同方向上的运动能力，以及肌肉和韧带等软组织的伸展能力。在人体运动环节中，柔韧是指关节的活动幅度，即运动时关节及其相关肌肉的活动范围。柔韧性表现为在关节处于正常情况下所允许的最大运动幅度内，移动身体某部分的能力。柔韧素质通过关节运动的幅度来体现，也就是按一定的运动轴产生转动的活动范围。

二、柔韧素质的生理基础

影响柔韧素质的生理学因素有以下几点。

1．肌肉和韧带组织的伸展性

肌肉和韧带组织的伸展性不仅取决于性别和年龄特征，也和中枢神经系统的兴奋性有关。例如，在比武或考核中，运动员情绪高涨时柔韧性会提高。肌肉伸展性与肌肉温度有关，可以通过准备活动提高肌肉的温度，从而降低肌肉内部的黏滞性，有利于柔韧性的提高（图 2–14）。

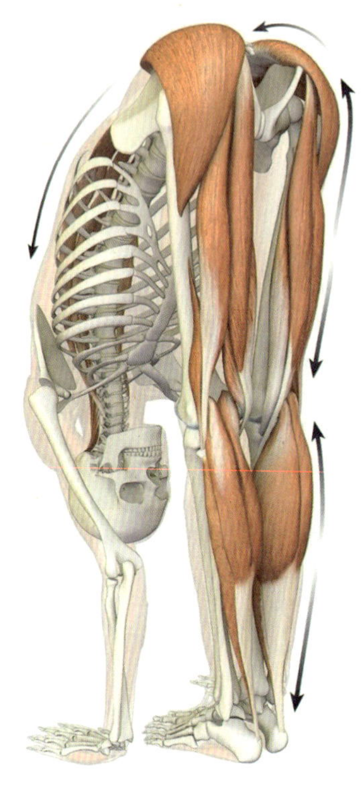

图 2–14　肌肉拉伸

2. 关节面的结构

关节面的结构是影响柔韧性的最难改变因素，基本上由遗传因素决定，但训练可以使关节软骨增厚。其原因是活动关节软骨交替地受到加压和减压作用，使关节液从关节腔渗入软骨，从而引起关节软骨增厚。

扫码查看动画

3. 关节周围组织的体积

身体脂肪的含量和肌肉的体积可以影响柔韧性。身体脂肪或肌肉体积过大都会限制邻近关节的活动幅度，使柔韧性降低。例如，腹部脂肪较多的人，两手较难触到地面；经过运动减肥之后，就有可能触到地面。

4. 中枢神经系统对骨骼肌的调节能力

中枢神经系统对骨骼肌调节功能的改善，主要体现在调节主动肌与对抗肌之间的协调性，改善可以使主动肌收缩时对抗肌能够充分放松，降低动作的阻力，从而增大运动幅度（图 2–15）。

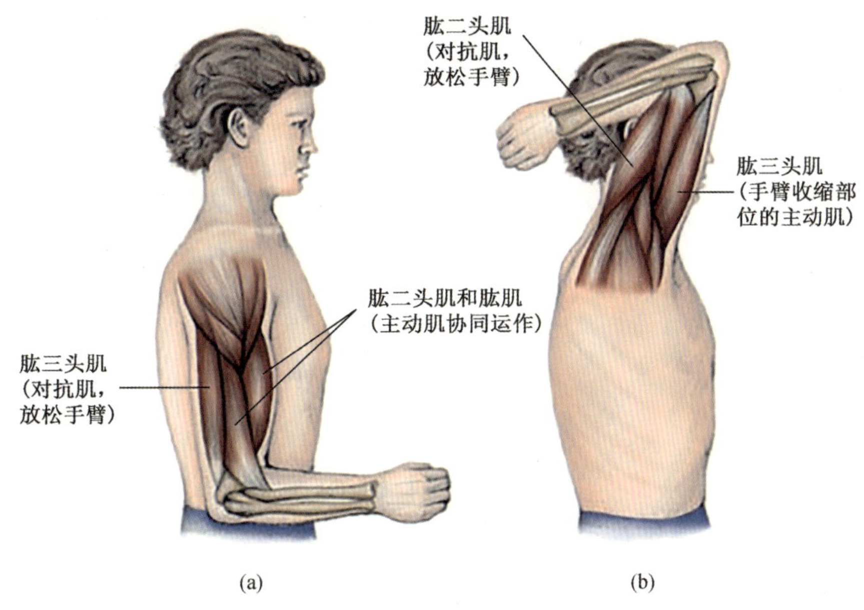

图 2–15　主动肌与对抗肌协同运作举例

柔韧性不仅取决于结构方面的改变，还取决于神经系统支配骨骼肌的机能状态，特别是中枢神经系统对对抗肌之间协调性的改善，以及对肌肉收缩和放松的调节能力的提高。对抗肌间协调的改善可使肌肉活动时，参与工作的对抗肌群可以充分放松，从而降低主动动作的阻碍，保证运动幅度的增大。非条件性肌牵张反射的抑制及随意放松肌肉的能力，都是扩大动作幅度的主要因素。

三、发展柔韧素质的注意事项

1. 柔韧素质练习前要充分进行准备活动和整理运动

进行柔韧性练性习前，应先进行准备活动，使机体组织的柔韧度略微升高，降低肌肉的黏滞性，当结缔组织的机械性能改变后，再进行柔韧性练习。身体体温高能使结缔组织的伸展性变大，从而降低运动损伤的风险。整理运动能使紧张的肌肉得以伸展放松并提高肌肉放松能力，主动放松肌肉的能力越好，关节活动所受肌肉牵拉的阻力就越小，关节活动幅度也就越大。

2．柔韧训练应与力量素质和速度素质协调发展

柔韧素质应在肌肉力量增长的基础上发展，但肌肉的增长不能因体积的增大而影响关节活动的幅度。力量与速度练习主要发展肌肉的收缩能力和动作速度，而柔韧练习则能提升肌肉的伸展能力。因此，将力量、速度、柔韧三者有机结合进行练习，是提高肌肉质量最有效的途径（图 2–16）。

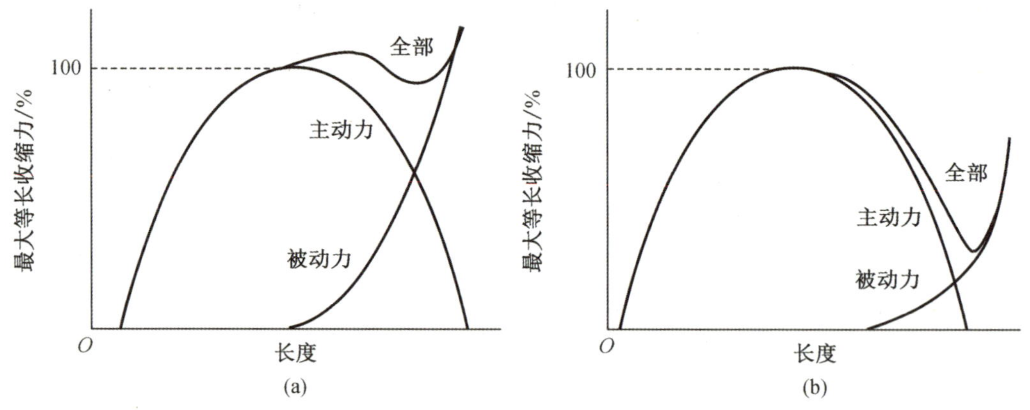

图 2–16　不同肌肉的力与长度关系曲线

3．柔韧训练要考虑训练者的年龄和性别差异

柔韧性会随年龄增长而下降，年龄越大，柔韧性越差。女性飞行人员的柔韧性通常要比男性飞行人员好。年龄越小，练习的效果越好，因此在基础教育阶段的学员只要坚持经常练习，所获得的柔韧性就可以保持很久。

柔韧练习是一项单调且伴有疼痛的练习，要求训练者有良好的意志品质和坚强的毅力。不可急于求成，只有运用科学、有效的方法，循序渐进、坚持不懈地练习，才能取得良好的效果。

第五节 灵敏素质理论

一、灵敏素质的概念

灵敏素质是人的运动技能、神经反应和各种体能素质的综合表现。

在航空体育训练中，衡量灵敏素质的标准是要求飞行人员在各种复杂变化的条件下能够迅速、准确、协调地做出某些相应的动作。

迅速表现为在变换的情况下，能及时做出某一相应动作，这要求飞行人员必须具有良好的观察力、判断力和反应速度。

准确表现为飞行员所做的某一相应动作要在时间、空间及用力等特征上的相符。

协调表现为飞行员在同时或依次完成某一相应动作时，身体或身体某些部位之间在时间、用力、节奏及空间变化上配合合理。

飞行人员如果能够在各种复杂条件下，迅速、准确、协调地完成相应动作，即代表其具备良好的灵敏素质。提高舰载机飞行人员在时空急剧变化的条件下的判断力、应变能力、快速敏捷的反应速度、高度自我操作能力，以及迅速改变身体或身体部位运动方向的能力，是体能训练的重要目标之一。

灵敏素质综合体现了训练者的体能素质。在各种单兵战斗动作和战术行动中，通过力量，特别是爆发力量，控制身体的加速或减速；通过速度控制身体移动、躲闪、变换方向的快慢；通过耐力，维持着人体持续运动的能力；通过柔韧，保障力量和速度的充分发挥。这些素质的综合运用依赖于中枢神经的调节。以躲闪能力为例，训练者的躲闪速度反映了灵敏程度，而完成躲闪动作则建立在速度、力量、柔韧等素质的基础上。反应判断的速度决定了相应躲闪动作的快慢，而速度和力量又影响了反应动作的快慢。因此，训练者的其他体能素质越好，完成动作越熟练，所表现出的灵敏素质也就越高。

灵敏素质可分为一般灵敏素质和专门灵敏素质两类。一般灵敏素质是指在完成各种复杂动作时，适应不断变化的外部环境的能力。专门灵敏素质则是针对特定训练项

目所需要的、与训练项目技术密切关系的、并能够适应变化外部环境的能力。

二、灵敏素质的生理基础

1. 决定灵敏素质的生理学因素有以下几个方面

（1）神经中枢的机能活动性和分析综合能力

神经中枢的机能活动性和分析综合能力需要高度发展。在对抗性训练项目中，随着运动形式发生变化，动作的性质和强度都会有急剧改变，必须迅速地对情况做出判断，并果断完成各种动作。大脑皮质运动动力定型的完善、神经过程灵活性的提高，以及运动技能掌握的数量增多，使动作更协调稳定、自动程度更高，从而在活动中表现灵活且省力。突然启动、急停、迅速转换动作等，就要求兴奋和抑制过程能极其快速地转换（图 2–17）。

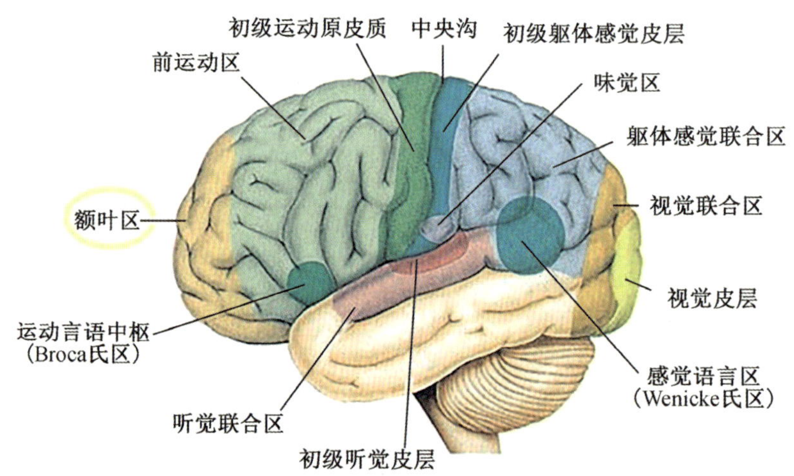

图 2–17　人体大脑皮质层组成示意图

（2）各种分析器机能的高低

各种分析器机能的改善，特别是肌肉、感觉器官和内脏器官在兴奋性和灵活性方面的机能特性，是提升灵敏素质的重要基础。在运动中能够表现出空间和时间上准确的定向和定时能力，使动作准确而转换迅速，因此，提高运动分析器的敏感性尤为重要。此外，运动前做好准备活动，适度降低肌肉紧张度，减轻肌肉活动时内在的阻力，也有助于提升灵敏素质的水平。

2. 影响灵敏素质的其他因素

（1）体重

体重过重会明显影响灵敏素质的发展，并且会使身体各部分的惯性加大，使肌肉的收缩能力降低，因此在进行改变方向的动作时，速度就必然减慢。

（2）疲劳

人在疲劳时，爆发力、动作速度、反应速度、协调性都会下降，所以灵敏性也会显著地降低。

三、发展灵敏素质的注意事项

①灵敏性训练的练习方法和练习手段应多样化并经常调整。

②要在受训者身体状况良好且不紧张的情况下训练灵敏素质。

③灵敏素质训练的时间不宜过长，练习的重复次数也不宜过多。灵敏素质的训练过程中应有足够的间歇时间，以保证肌肉中 ATP 等能源物质的合成，但休息时间不宜过长。一般来说，练习时间和休息时间的比例为 1:3。

④灵敏性训练应从培养各种能力入手，使训练者掌握更多的运动技能，因为这些技能是展现灵敏程度的必要条件。

第三章
航空体育中的卫生保健知识

航空体育训练必须遵循科学的人体运动规律，掌握基本的卫生保健常识，才能有效提高训练效益，预防和减少训练伤病的发生。

本章主要围绕航空体育训练中疲劳的种类、疲劳的产生与恢复、水分平衡与补液、自我医务监督等方面展开。

第一节　航空体育训练中的疲劳与恢复

无论是进行军事飞行还是航空体育训练，飞行人员都需要长期承受高于常人的身体负荷，久而久之，身体的相关功能就会产生变化。

良性的身体负荷会提高身体的运动承受能力，但对于长期从事飞行及身体训练的人而言，接近极限的训练负荷并不总能提升运动表现。高强度大负荷训练后，身体还会出现一系列复杂的中枢和外周疲劳反应，导致运动能力下降。

只有在飞行人员得到充分恢复后，这种下降的趋势才能得到逆转。如果恢复的时间不足或者训练安排不当，身体的疲劳程度会逐步加深，严重时甚至影响飞行安全。

因此，在航空体育运动中，需要及时识别飞行人员的急性或慢性疲劳状态，分析引起疲劳的可能原因，并结合训练负荷和疲劳程度制定适宜的恢复方案，采取行之有效的恢复措施，从而更好地帮助飞行人员进行恢复。这对于保障训练效果、提升运动成绩和实现可持续发展至关重要。

一、疲劳的基本概念

本节所提到的疲劳特指“运动性疲劳”。1982 年，在第 5 届国际运动生化会议上给出了运动性疲劳的明确定义：“有机生理过程不能维持其机能在特定水平上和（或）不能维持预定的运动强度。”

这个定义将运动性疲劳解释为由于运动（训练）引起的机体机能水平下降和（或）运动能力降低，从而难以维持特定的运动强度，但经过适当休息后又可以恢复状态的现象。

运动性疲劳是航空体育训练过程中的正常现象。“没有疲劳就没有训练。”可以说，运动性疲劳是衡量训练负荷是否足以刺激机体产生适应性变化、达到新适应水平的重要的指标。但如果运动性疲劳不能及时消除，将会影响后续训练，甚至导致过度训练。这不仅会严重损害飞行人员的身心健康，影响其运动成绩，还可能让其丧失对运动训练的兴趣和自信。

二、疲劳与训练的关系

一次成功的航空体育训练必须设置科学合理的运动强度或超量负荷，以实现超量恢复，从而达到积极的运动适应或提升运动表现。

此外，还要避免过度训练和恢复不足的情况。如果运动强度太低，飞行人员将难以提升自身运动水平。

“超量恢复”是航空体育训练中极为重要的一个概念，超量恢复与运动表现和时间的关系，如图 3–1 所示。

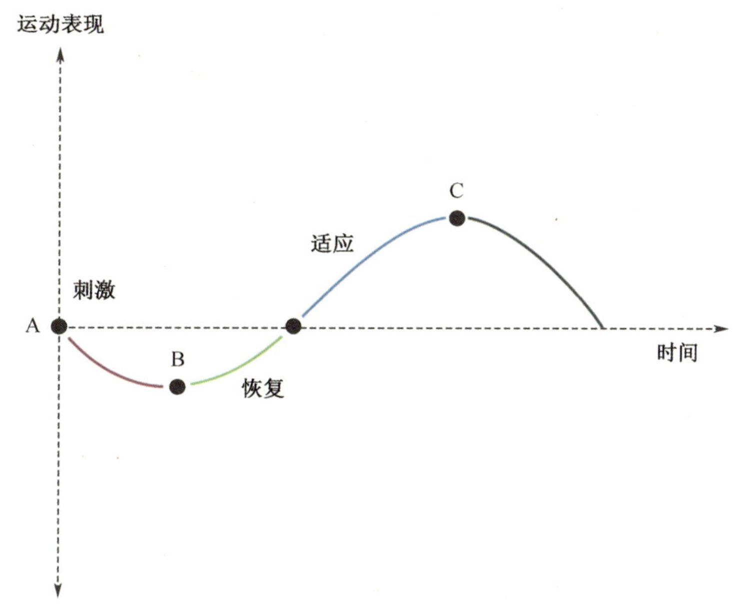

图 3–1　运动表现与时间的关系图

要想提升训练水平和体能，飞行人员通常要进行高强度训练。在高强度训练或航空体育训练课之后，身体会表现出疲劳和运动表现降低的现象（A–B）。在进行充分的休息后，则会产生超量恢复（B–C）。

按照超量恢复理论，运动恢复过程可简要地分为三个阶段。

（1）运动时的消耗阶段

运动时人体的能量消耗过程（分解过程）占优势，恢复过程（合成过程）也在进行，但由于身体运动时间长且强度大，消耗能量物质较多，即使身体各器官系统发挥最大的机能能力参与恢复（再合成），也满足不了恢复过程的需要，造成能量消耗多于能量恢复，使体内的能量物质不断减少，身体活动的机能能力下降，这一过程即运动消耗阶段。

（2）运动后的恢复阶段

身体停止运动后能量物质的消耗量减弱，恢复过程开始占优势，这时各种能源物质和各器官系统的机能能力逐渐恢复到原来（运动前）的水平，这一过程即运动恢复阶段。

（3）超量恢复阶段

实践证明，人体在适量运动后，能量物质和各器官系统的功能在恢复到正常水平后会进一步提升，达到一个更高的水平，并维持一段时间，之后再逐渐回到正常水平。这一超出正常水平的恢复阶段即为超量恢复阶段（图 3–2、图 3–3）。

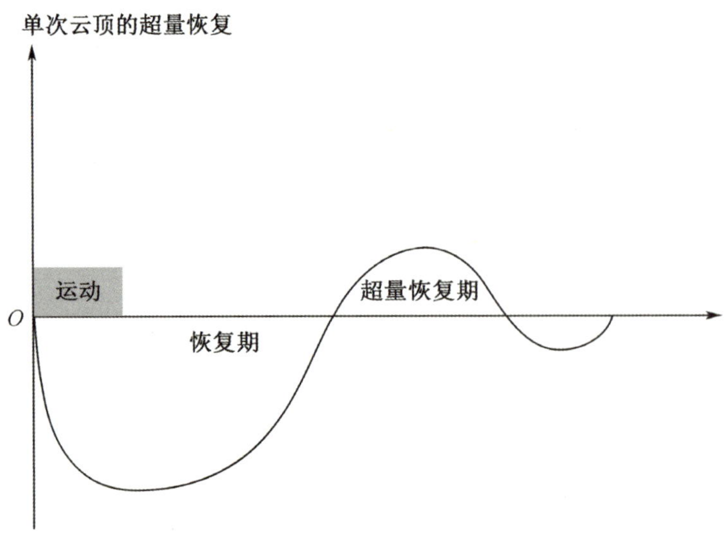

图 3–2　单次运动的超量恢复周期

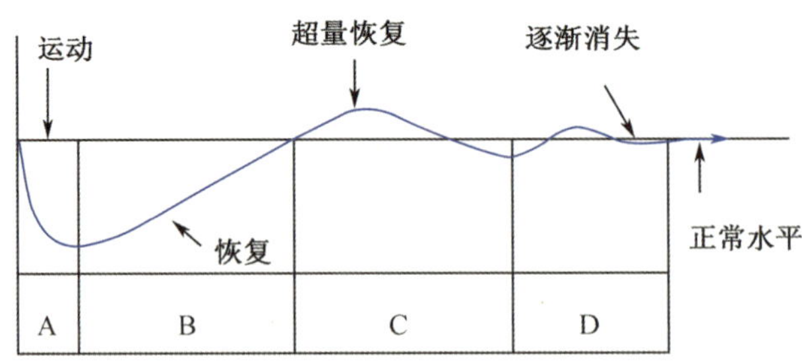

图 3–3　超量恢复原理示意图

三、如何判定自己是否处于疲劳状态

1. 主观感觉

主观感受与人体运动时的工作负荷、心肺功能、耗氧量、代谢产物堆积等多种因素密切相关，是判断运动性疲劳的重要标准（表 3–1）。

表 3-1　人体运动性疲劳判定标准

内容	轻度疲劳	中度疲劳	极度疲劳
主观感觉	无任何不适	疲劳 / 腿痛 / 心悸	除疲劳 / 腿痛 / 心悸外，尚有头痛 / 胸痛 / 恶心甚至呕吐等征象，且会持续一段时间
面色	稍红	较红	十分红 / 苍白 / 紫红色
排汗量	不多	较多	非常多，尤其躯干部分
呼吸	中度加快	显著加快	呼吸急促 / 呼吸表浅有时伴有节律紊乱
动作	步态轻盈	步态摇摆不稳	摇摆现象显著，出现不协调动作
注意力	执行口令准确、能正确做出技术动作	执行口令不准确、出现错误技术动作	执行口令缓慢、技术动作出现变形

如果出现以下几种情况，就有可能代表身体已经运动性疲劳了。

①感到精神不振，厌烦运动。

②面色发红或苍白。

③下肢肌肉有酸沉感，动作迟缓。

④食欲不佳、食量减少，睡眠差、失眠等。

⑤排汗量增加，在运动负荷中，排汗比以往多。

2. 心率

心率是评定疲劳状态最简易且最重要的指标。一般常用基础心率、训练后即刻心率和恢复期心率对疲劳进行评价（表 3–2）。

表 3-2　人体运动性疲劳判定标准

男性静息心率参考标准（次 /min）						
年龄	18-25	26-35	36-45	46-55	56-65	65+
极好	56-61	55-61	57-62	58-63	57-61	56-61
平均	70-73	71-74	71-75	72-76	72-75	70-73

女性静息心率参考标准（次 /min）						
年龄	18-25	26-35	36-45	46-55	56-65	65+
极好	56-61	55-61	57-62	58-63	57-61	56-61
平均	70-73	71-74	71-75	72-76	72-75	70-73

（1）为什么心率监控很重要

人的心脏就像汽车的发动机，无时无刻都在运输血液进行营养物质和代谢废物的循环。心输出量指心脏供给血液的能力，由脉搏输出量和心率决定。心率就像汽车的码表，提速时心率随之增快，但无法无限制的增加（图 3–4）。

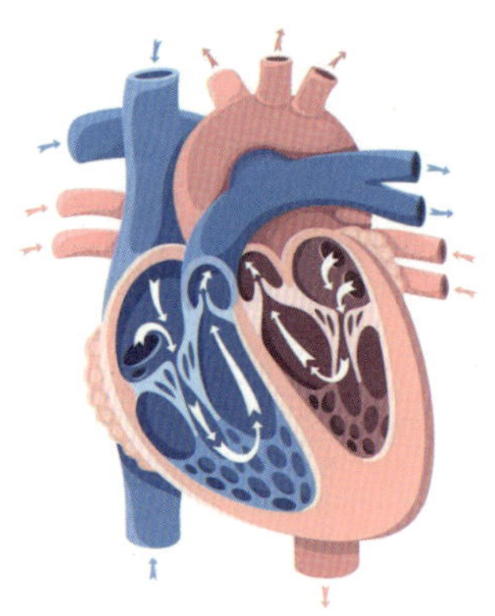

图 3–4　人体心脏及其主要血液流向示意图

当心率超过 180 次 /min 时，心室充盈时间明显缩短，充盈量减少，心排血量开始下降。也就是说，心跳太快，心脏时就没有充足的血液可以供给组织，人体的活动能力自然变弱。这也是为什么人在高心率不能坚持运动的原因之一。

扫码查看动画

（2）如何测心率

心率可通过摸脉搏（图 3–5）和佩戴心率监控设备两种方式进行测量。

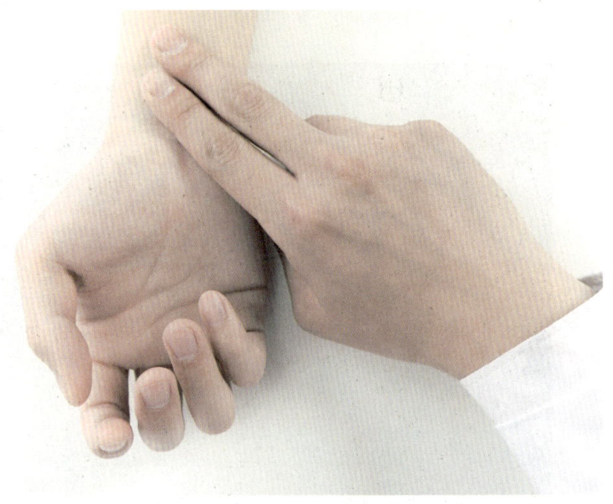

图 3–5　手摸脉搏的位置示意图

用手摸脉搏的常见位置分别是手腕桡动脉和颈动脉。通常用 10s 内的脉搏数 ×6，或 15s 内的脉搏数 ×4 来估算 1min 的心率。

（3）通过心率指标进行训练状态与疲劳评估

以下是几个有关心率的基本概念。

①最大心率

最大心率是常用的训练指标之一。通过计算最大心率，可以设计符合自身需求的心率强度进行训练。常用的最大心率估算公式为：

男性：最大心率 =220 – 年龄

女性：最大心率 =226 – 年龄

目标心率的公式为：

目标心率 = 最大心率 × 运动强度

根据训练强度的不同，心率的目标范围如下：

力竭心率：91%~100%

高强度无氧训练：84%~91%

有氧训练心率：71%~83%

热身心率：61%~70%

轻松活动：50%~60%

例如，一名 30 岁的男性飞行人员的最大心率为 190 次 /min，若进行减脂有氧运动，则目标心率应保持在 135~158 次 /min（71%~85%）。

心率在实际运动中的应用如图 3-6 所示。

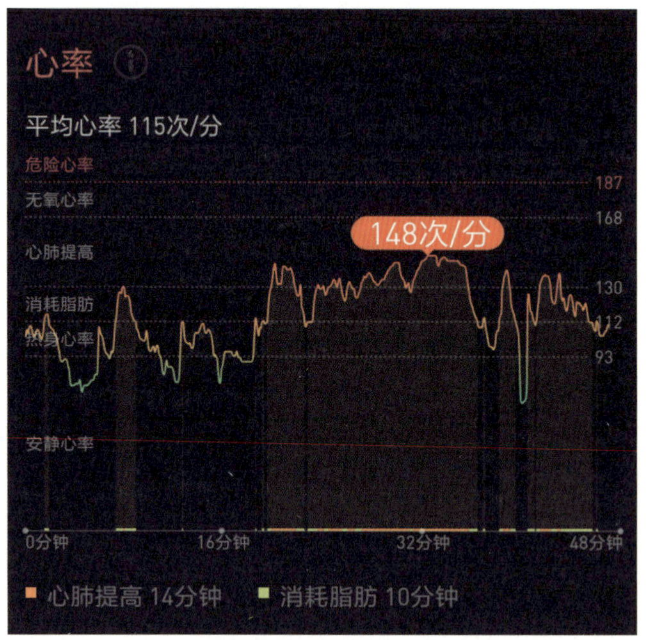

图 3-6　某软件对人体运动时心率的监测

②基础心率

基础心率是基础状态下的心率，即清晨、清醒、起床前、静卧时的心率，通常以脉搏数表示。身体机能正常时，基础心率相对稳定。如果在大负荷训练后，经过一夜的休息，基础心率较平时增加 5~10 次 /min，则表明可能存在疲劳累积现象；如果心率次数连续几天持续增加，则应调整训练负荷。在选用基础心率作为评估疲劳指标时，应排除惊吓、噩梦、睡眠不足等其他因素的影响。

③训练后即刻心率

训练后即刻心率可通过遥测心率设备或脉搏测试来判断。随着训练水平的提高，完成相同负荷训练时，心率会逐渐降低。一般情况下，若进行同等强度的定量负荷，训练后即刻心率显著提高，则表示身体机能状态不佳（图 3-7）。

④恢复期心率

人体进行一定强度训练和休息后，心率通常可恢复到训练前状态。当身体疲劳时，心血管系统机能下降，导致训练后心率恢复时间延长。因此，可将定量负荷后的心率恢复时间作为疲劳诊断的指标，如进行 20 次 /30 s 深蹲的定量负荷运动，若心率在 3 min 内恢复至运动前水平，则说明身体状态正常；而身体疲劳时，这种恢复时间则明显延长。

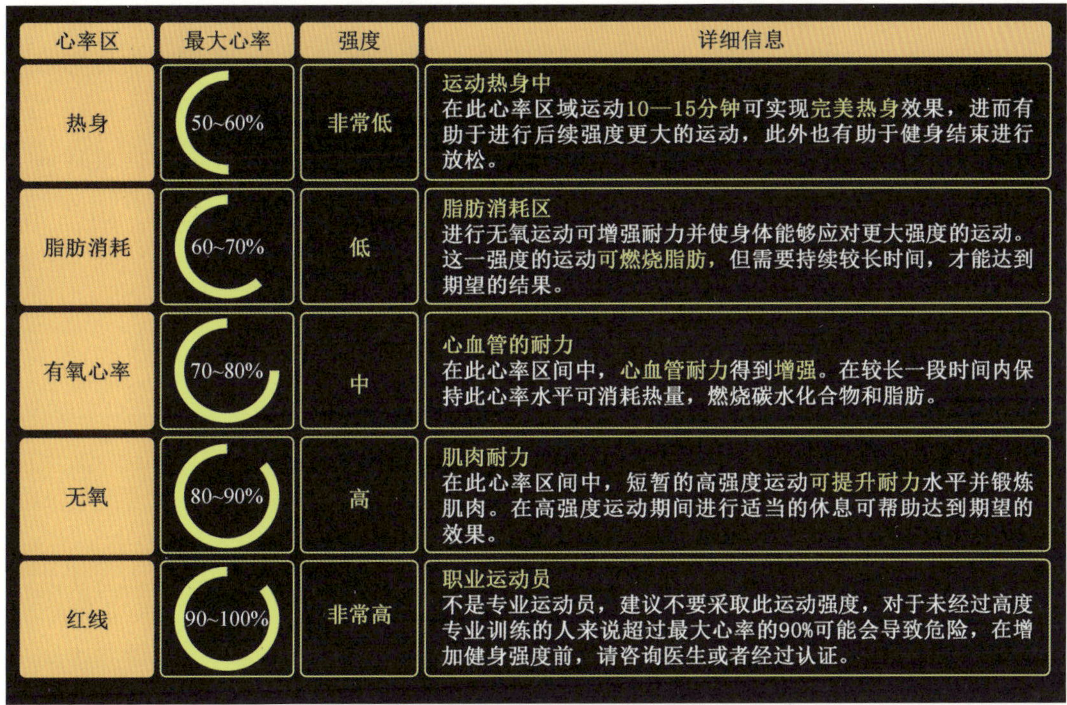

心率区	最大心率	强度	详细信息
热身	50~60%	非常低	运动热身中 在此心率区域运动10—15分钟可实现完美热身效果，进而有助于进行后续强度更大的运动，此外也有助于健身结束进行放松。
脂肪消耗	60~70%	低	脂肪消耗区 进行无氧运动可增强耐力并使身体能够应对更大强度的运动。这一强度的运动可燃烧脂肪，但需要持续较长时间，才能达到期望的结果。
有氧心率	70~80%	中	心血管的耐力 在此心率区间中，心血管耐力得到增强。在较长一段时间内保持此心率水平可消耗热量，燃烧碳水化合物和脂肪。
无氧	80~90%	高	肌肉耐力 在此心率区间中，短暂的高强度运动可提升耐力水平并锻炼肌肉。在高强度运动期间进行适当的休息可帮助达到期望的效果。
红线	90~100%	非常高	职业运动员 不是专业运动员，建议不要采取此运动强度，对于未经过高度专业训练的人来说超过最大心率的90%可能会导致危险，在增加健身强度前，请咨询医生或者经过认证。

图 3–7　检测不同程度的心率

第二节　航空体育训练中疲劳的恢复方法

体育训练后的恢复方法是体能训练领域最热门的话题之一，无论是飞行人员还是专业运动员，高要求的训练让他们不断寻求更快速的恢复方法，以便及时补充能量、减少肌肉酸痛和更好地恢复状态，从而实现全面恢复。

一、补充营养

剧烈运动后，人体肌肉会感到疲劳，能量储备也会耗尽。如果没有适当的营养支持，肌肉会难以恢复、重建和回到最佳状态。因此，补充营养是人体恢复能力的重要基石，切勿忽视。

每餐都应包含优质蛋白质、碳水化合物、蔬菜和水果。如果想最大限度地恢复体力，可以采用以下策略。

完成训练后立即摄入碳水化合物。标准是每 kg 体重摄入约 1 g 的碳水化合物的正餐或点心。

用餐后的 3~4 h 内，继续为身体提供含有碳水化合物的膳食或饮料，每小时摄入 1~1.5 g/kg 体重的人碳水化合物。训练强度越高，所需的碳水化合物就越多。随后，根据日常的营养需求逐步恢复正常的饮食习惯（图 3–8）。

图 3–8　人体营养摄入量膳食金字塔

二、保证高质量的睡眠

睡眠是经常被低估的恢复方法，它是保障飞行人员或其他高强度工作群体健康的基础。研究表明，睡眠不足会显著影响表现、情绪状态、新陈代谢、免疫功能和认知功能（图 3–9）。

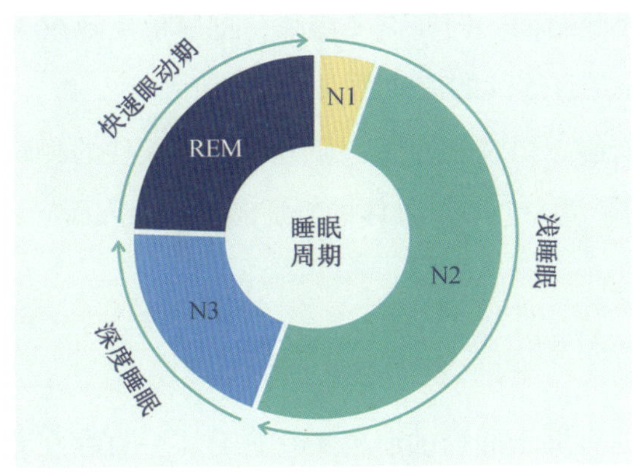

图 3-9　睡眠的周期

注：N1-N2 期间为非快速眼动（NREM）；睡眠 REM 指快速眼动睡眠

表 3-3　不同年龄的最佳睡眠时间

年龄	最佳睡眠时间	备注
>60 岁老年人	5.5~7 h	午休不超过 1 h
30~60 岁成年人	男性 6.29 h 女性 7.5 h	保证晚 22 点 ~5 点的睡眠时间
13~29 岁青年人	8 h 左右	最晚 0 点上床，6 点起床
4~12 岁儿童	10~12 h	别超过 12 h
1~3 岁幼儿	夜间 12 h 白天 2~3 h	睡前 1 h 洗温水澡
<1 岁婴儿	16 h	夜间不频繁喂奶、换尿布

以下是提升睡眠质量的几种方法。

第一，建立规律的睡眠模式。平均睡眠周期（浅睡眠—深睡眠—快速眼动睡眠）持续约 2.5 h，建议睡满三个完整的周期即至少 7.5 h 的安静且不间断的睡眠。尽量在上床 30 min 内入睡。

第二，营造平和的睡前环境。尝试将电子设备的使用时间限制在睡前 30 min 以内。如果必须使用电子设备，应启用夜间模式。偶尔也可以选择观看电影或阅读小说，因为其大脑参与度低。

第三，中午后限制咖啡因摄入。虽然咖啡因在上午提神效果显著，但它的半衰期（消耗一半摄入量所需的时间）约为 5~6 h。所以下午避免摄入有利于睡前排除体内大部分咖啡因。

第四，限制午后小睡时间。即使需要小睡，也尽量控制在 30 min 内。短暂小睡可以提神，但不能替代充足且连续的夜间睡眠。

第五，保持卧室安静、黑暗和凉爽。研究显示，较佳的睡眠环境通常是在完全黑暗且温度约为 18 ℃ 的环境中。不过，具体的舒适感可能因人而异，需根据个人情况调整。

三、按摩

关于按摩是否真的有助于酸痛的肌肉更快愈合，一直存在着相互矛盾的观点。尽管现代研究提供的证据不足以支持按摩在肌肉康复中的效果，但按摩带来的积极心理影响不容忽视。换句话说，即使没有确凿的生理机制证明其恢复效果，按摩能够有效地缓解表现焦虑，带来放松和平静，这仍然是一个可衡量的且有益的结果（图 3–10）。

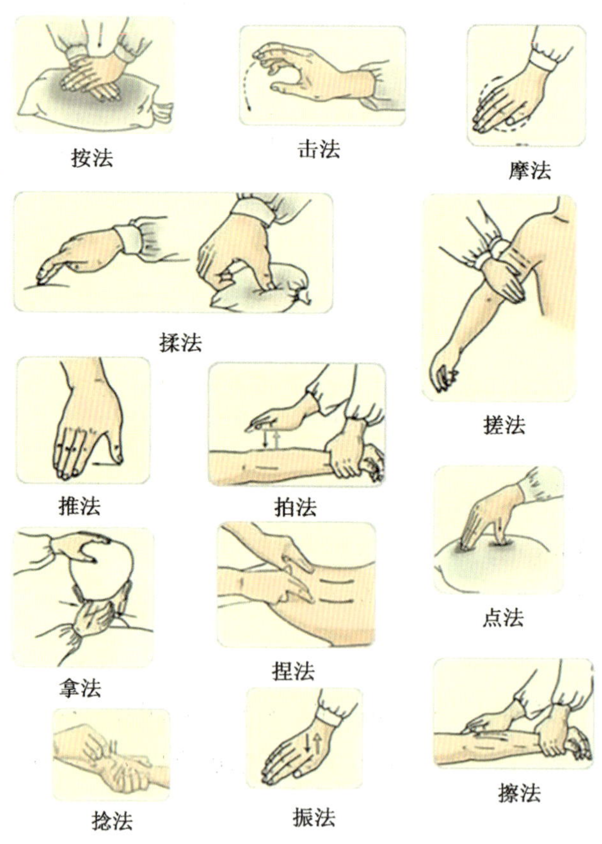

图 3–10 常见的中医按摩手法

四、水疗

水疗有三种浸泡方式：冷水浸泡、热水浸泡和冷热水交替浸泡。

1. 冷水浸泡

冰浴时，将全身浸泡在 5 ~20℃ 之间的水中，连续或间歇地浸泡约 15 ~ 20 min，从而达到收缩血管并冲洗乳酸等代谢废物的目的，还可以减少肌肉肿胀和组织破裂的风险，并能够暂时缓解疼痛。

2. 热水浸泡

热水浸泡需要在水温高于 36℃ 的情况下连续浸泡 20 min 左右，可以改善血液循环，从而使血液能够将重要的营养物质转移到细胞中，进而加快恢复过程。

但是，当软组织损伤时不要使用此方法，因为热水会增加血流量并加重肿胀和炎症。同样，运动后身体处于高温状态时也不建议热水浸泡，因为会延长高体温状态并提高体温调节的压力（图 3–11）。

图 3–11　水疗法的操作示意图

3. 冷热水交替浸泡

一些科学评论和荟萃分析指出，冷热水交替浸泡的水疗方法较被动恢复更具优势。高温和低温交替作用会引起血管的舒张和收缩，据推测，这将有助于乳酸的排出并将营养物质传输至肌肉。

建议在力量训练后，先在 7℃ 的冷水中浸泡 1 min，然后立即用高于或等于 36℃ 热水浸泡 2~3 min。按照此频率不超过 20 min，每周最多两次（图 3-12）。

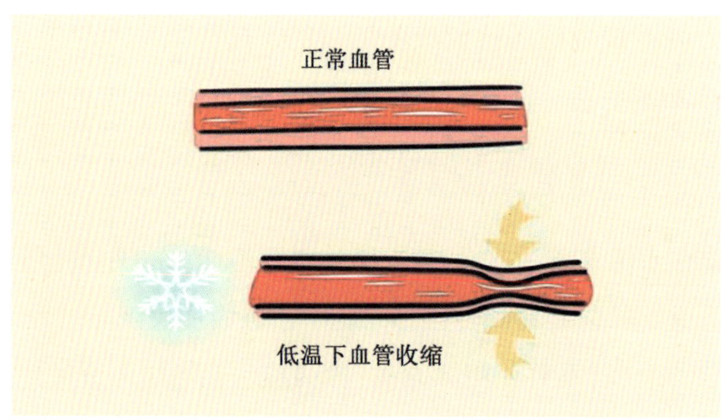

图 3-12　低温下血管收缩示意图

五、主动恢复

主动恢复是指在进行体育锻炼或比赛后，采用一系列积极的措施来加速身体的恢复过程并提高身体的适应能力，从而缩短身体自主恢复的时间。这些措施包括适当的休息、合理的营养补充、冷热敷、拉伸和放松训练、充足的睡眠、物理治疗等。主动恢复有助于减轻肌肉疲劳、提高训练效果、防止运动损伤，并保持良好的竞技状态。

越来越多的研究表明，参加轻度体力活动有助于代谢废物的清除，并通过改善血液循环，将营养物质更快地输送到酸痛的肌肉中（图 3-13）。

因此，与其被动等待肌肉恢复，不如找到一项自己喜欢的运动并积极参与。可以选择在公园里散步、骑自行车、做运动、游泳或参加瑜伽课程，保持低强度（低于最大努力的 70%）并开始运动，你的身体将逐渐从中受益。

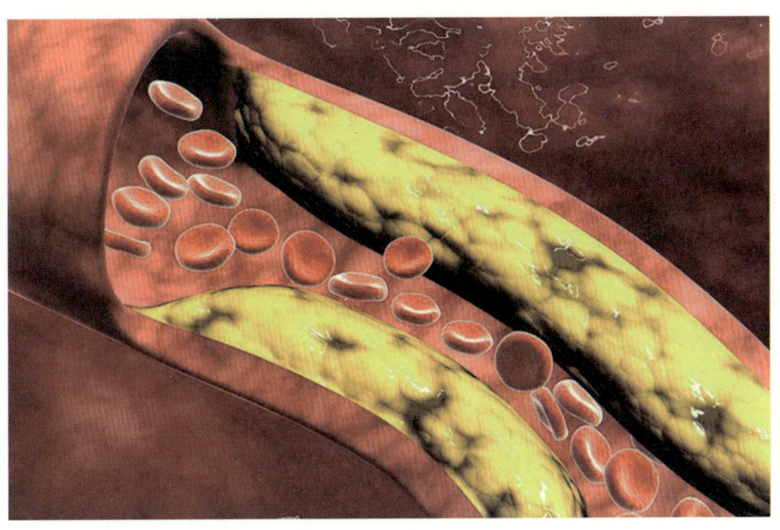

图 3-13　未代谢的血管“废物”

六、穿戴压缩装备

压缩衣最初作用于医学领域，主要用于治疗淋巴水肿之类具有“膨胀”症状的疾病；后来，梯度压缩袜被发现可以对静脉曲张等疾病有一定的辅助治疗作用。之后，运动界人士对梯度压缩袜产生了兴趣，并且对它进行了一系列的研究分析后发现，压缩装备在一定程度上可以提高跳跃能力。随后，医学界和运动界才开始研究压缩装备对身体恢复的影响（图 3-14）。

图 3-14　男士压缩衣

扫码查看动画

压缩衣的主要特点是包裹和支撑。压缩衣可以被看作是增强版的紧身衣，具有紧身衣没有的特种功能——通过梯度压缩实现对身体不同部位施加不同压力，即离心脏越远的地方压力越大，从而加快血液循环，实现加快向运动肌群输送氧气的速度，激发肌群活力，进而加速乳酸排解，减少乳酸堆积，加快身体恢复速度。此外，压缩衣的压缩强度更有效地防止运动时产生的肌肉颤抖，进而减少无谓的能量流失。简单来说，压缩衣能包裹肌肉，加速血液循环，支撑肌群，减少体能流失，并缓解运动后疲劳。而紧身衣在功能方面不具备这些特性，在价格上也没有压缩衣那么昂贵。

七、自主筋膜舒缓释放

筋膜是包裹在肌肉周围的结缔组织。筋膜僵硬情况通常发生在高强度锻炼之后，身体活动能力也会随之下降，因此进行筋膜放松是有益的。

自主筋膜舒缓释放具有镇痛作用，可以通过主动挤压淋巴液体，帮助减少肌肉的酸痛感。更重要的是，训练课程后使用自主筋膜舒缓释放似乎不会对身体机能表现产生任何负面影响（图 3–15）。

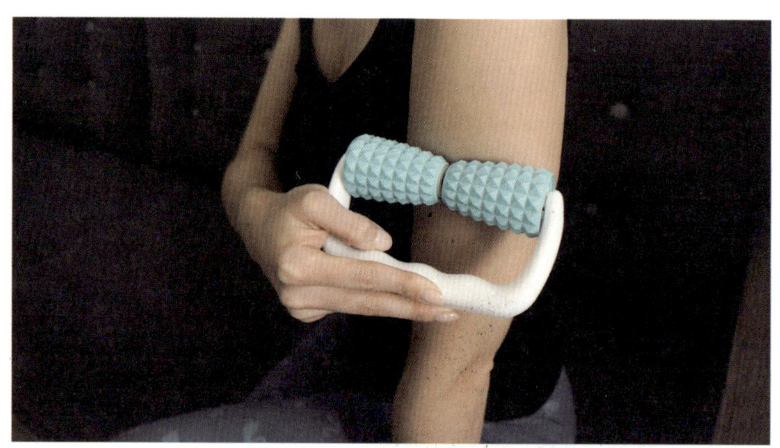

图 3–15　自主筋膜舒缓释放的工具

空体育训练的水平衡与补液

过程中，人体的骨骼肌会产生大量热能，同时物质代谢随
不断地产生并增多。只有科学地补充水分，才能促进人
节人体体温，满足物质代谢的需要。对于飞行人员而言，
常生活的平衡，充分认识在每次进行体育运动前后和
尤为关键（图 3–16）。

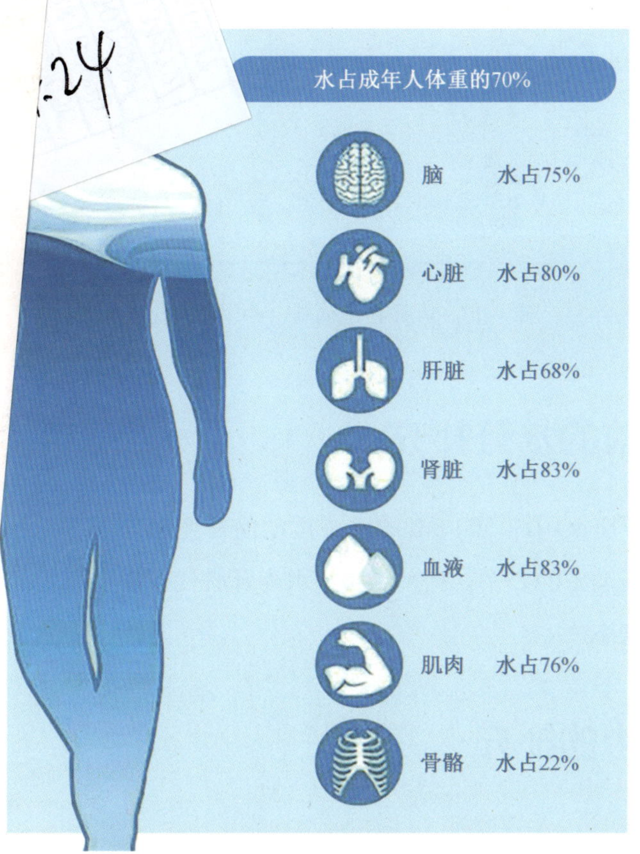

图 3–16 成年人体内的含水量分布

机体的水分摄取量应遵循以下两个原则。一是能够补偿身体的失水量，保持水平衡。二是要考虑环境温度、运动项目和运动强度，以及个体间的差异等。

为了能表现出较好的运动状态并承受较大的生理负荷，在补水方式上应采取少量多次补充的饮水方法，可根据不同的运动方式分别在运动前、中、后及时补水（图 3-17）。

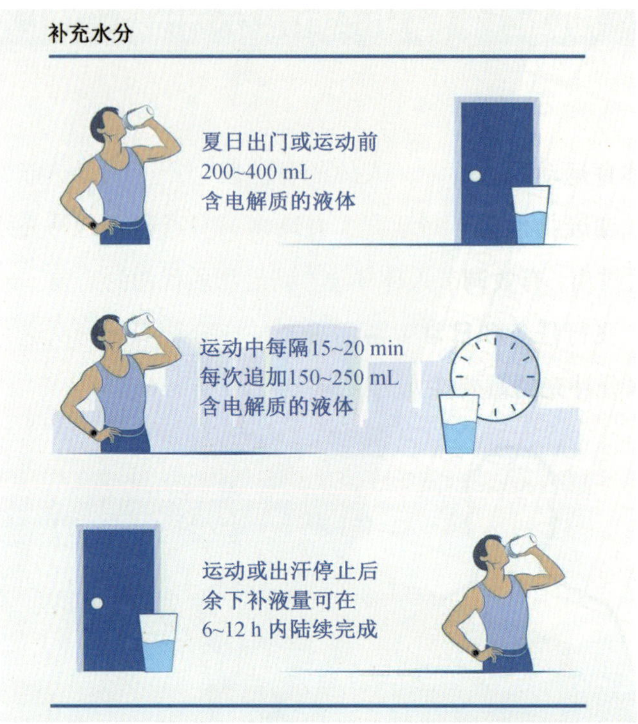

图 3-17　人体在运动前、中、后对比水分的补充

一、运动前的水分补充

运动前 2 h 应饮用约 500 mL 的水。运动前补充水分可以提高机体的热调节能力，并有助于降低运动中的心率。提前 2 h 补水为肾脏代谢提供充足时间，使体液平衡和渗透压达到最佳状态。

二、运动中的补充

1. 补充的液体类型

如果训练时间不超过 1 h，并且强度较低，补充普通的白开水或矿泉水即可满足需求。

如果训练时间不超过 1 h，但强度较大或训练超过 1 h，建议补充含糖分的电解质饮料，以及时补充流失的离子成分（防止出现血钠症等不适反应）和糖。运动期间，大量肌糖被消耗的同时肌肉也加大了对血糖的摄取，若血糖下降不及时补充，不仅会使肌肉工作能力大幅度下降，还可能会使大脑对运动的调节能力减弱，并产生疲劳感（大脑的 90% 供能都来自血糖）。

2. 补充液体的适量范围

具体补充量应根据排汗量进行调节，大约补充排汗量 80% 左右。例如，在炎热的条件下，排汗量为 2~3 L/h；在温和气候条件下的排汗量为 1~1.2 L/h；而在寒冷条件下，小于 1 L/h。

如果补充量远超出了排汗量，可能导致低钠血症（俗称水中毒），这是由于水分过多加上钠随汗液流失而引发的状况。低钠血症会导致大脑肿胀，出现无力、恶心、呕吐、眩晕等症状，严重时可能引起血容量不足、脑水肿、颅内高压综合征等。此外，补充过多的水分会使体内矿物质的储量严重失衡，加重肾脏的负担（图 3–18）。

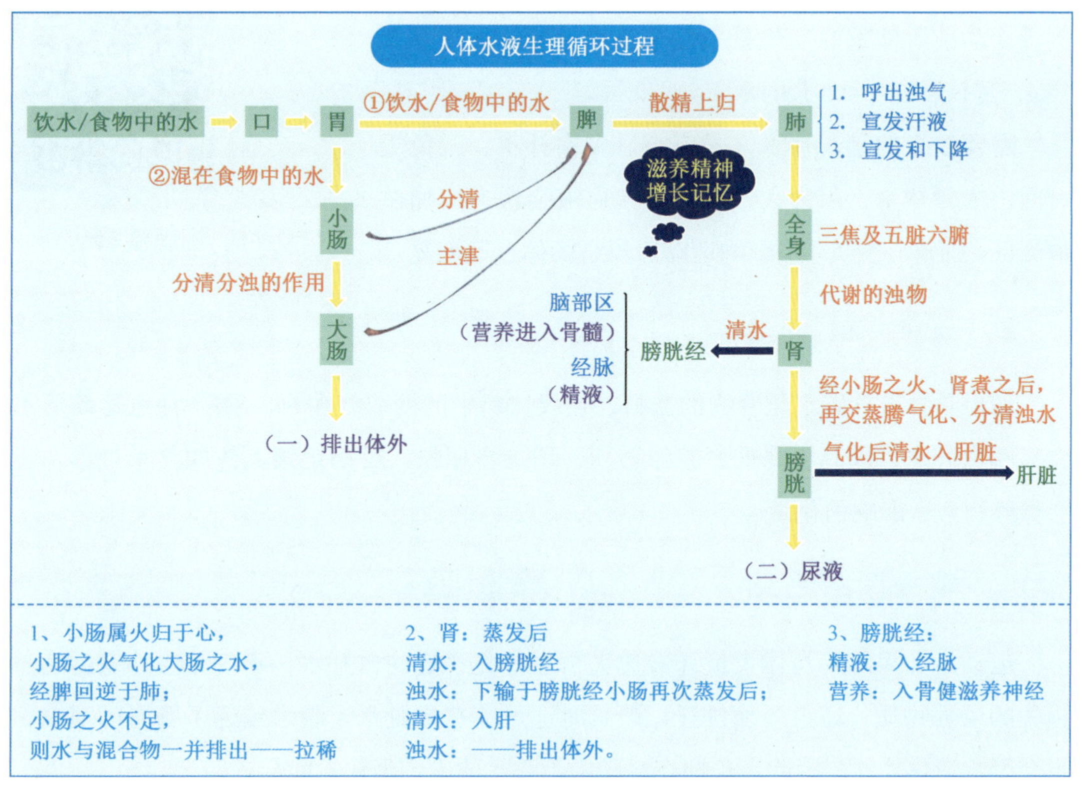

图 3–18　人体水液生理循环过程

如果补充液体的量远低于排汗量，则可能导致以下问题。

①体内脱水，影响血液循环，危害心脏功能。

②电解质流失，可能导致低钠血症。

③夏季运动时，出现中暑的风险增高。

3. 液体补充的方法

液体补充应采用多次且均匀的方式，通常每 15 min 左右补充一次。这种方式有助于身体更好地吸收水分并避免胃部不适，从而更有效地保持体液平衡，有助于维持良好的运动表现和身体状态。

三、运动后的补充

1. 运动后的补水建议

运动后应持续补水以保持体内的水平衡。建议通过测量运动前后体重的变化量来确定饮水量。体重每降低 1 kg，建议补充 1~1.5 L 的水。

需要注意的是，补水方式应小口多次补水，避免短时间内大量饮水，因为大量水分进入血液会快速增加血液流量，加重心脏负担，影响运动后器官的休息及恢复。

扫码查看动画

2. 补分种类选择

如果是补充含碳水化合物的饮料，建议饮料中的糖浓度在 6%~8%。注意运动后不宜只喝白开水，因其会降低血浆渗透压，增加排尿量，反而延缓人体的复水过程，还会稀释胃液，影响消化。

3. 不建议的补水方式

运动后如果等到身体大量汗液流失再去补充普通的白开水，不仅无法补充运动所损失的营养物质，还会增加排汗，严重时还可能造成脱水（脱水延迟了肠胃的蠕动，也会影响消化功能。因此，长期在运动中不喝水的人，消化功能会减弱）。

另外，不建议饮用茶水，因为其具有利尿的特性，容易造成身体脱水。

4. 运动饮料的作用

如今，运动饮料已经成为许多运动爱好者的必备物品，它是根据运动时生理消耗的特点而配制的，可以有针对性地补充运动时流失的能量，有助于保持和提高运动能力，加速运动后身体的恢复。

四、运动饮料与普通饮料的区别

①运动饮料含有功能性成分，除了能补充人体在运动中丢失的水分外，还能补充钠和钾等矿物质。

②运动饮料含有低聚糖这一类水溶性膳食纤维（如低聚果糖、低聚异麦芽糖、大豆低聚糖等），这类膳食纤维可以延缓精制糖的吸收速度，帮助维持血糖的稳定。普通饮料中的糖多为白砂糖、葡萄糖、果糖等非常容易被吸收的糖类，不利于血糖稳定。

③运动饮料的渗透压通常低于或等于人体血液渗透压，使人体更易于吸收其中的营养成分。与普通饮料相比，运动饮料的含糖量远低于果汁饮料、可乐、茶饮料等常见饮料，且无碳酸、咖啡因、酒精。（图 3–19）

图 3–19　各品牌运动饮料

五、运动饮料的作用与适用情况

对于普通健身爱好者而言，在运动量较大或机体水分流失较多时可以选用运动饮料。

运动饮料中一般含有糖分，可以缓解运动中大量糖原的消耗，还添加了维生素（如维生素 B12）和电解质，有助于人体的机能活动和补充出汗导致的钾和钠的流失，从而避免身体乏力和抽筋等运动能力下降。

广义上的运动饮料可以分为低渗饮料、等渗饮料、高渗饮料及功能饮料，分别适用于不同类型强度的运动需求。

表 3-4 不同种类饮料的功能

饮料种类	常见品种	特点、功能简介
碳酸饮料	可口可乐、雪碧	碳酸饮料对人体不好，矿物质饮料含多种微量元素
果汁饮料	果粒橙、鲜橙多，纯果乐	果汁饮料，蔬菜饮料有很多维生素
茶类饮料	红茶、绿茶、铁观音茶	茶能消除疲劳，促进新陈代谢，并维持心脏、血管、胃肠等器官机能的作用；罗布麻茶可以强心抗郁、通便利尿
矿泉水	益力、景田、怡宝、怡景	铁、锌、硅、锶、氟、铜、硼、溴、碘、锂、硒、铬、钼、锗、钴、钒，虽然主要来源于食物，但水中的微量元素多以离子状态存在，更易渗入细胞被人体吸收
运动型饮料	脉动、红牛，佳得乐	运动饮料是根据运动时生理消耗的特点而配制的，可以有针对性地补充运动时丢失的营养，起到保持、提高运动能力，加速运动后疲劳消除的作用

1. 低渗饮料——快速补充水分

低渗透压饮料主要由“液体+电解质+少量糖”构成，其含有的盐和糖浓度低于人体，一般不含电解质，适合在运动中快速补充水分。脉动和水动乐属于此类饮料。

2. 等渗饮料——补充能量和矿物质

等渗透压饮料主要由“液体+电解质+6%~8%糖”构成，适合在大多数运动中饮用，可以为身体补充能量和矿物质，它所含的盐分、糖分和人体体液相似。含糖量一般在5%~8%左右，其中可溶性颗粒比例与人体接近，能迅速被身体吸收。宝矿力水特、佳得乐、尖叫、农夫山泉、维他命都属于等渗饮料。

3. 高渗饮料——补充碳水化合物等

高渗饮料的特点是“较多糖和盐”。高渗透压饮料中盐和糖的浓度均高于人体，可以补充人体流失的碳水化合物。但因为其特点，不利于快速补充水分且从胃部排空慢，建议运动休息一段时间过后再饮用。

4. 功能饮料——消除疲劳

功能饮料中一般添加牛磺酸，可以在运动前或疲劳时饮用，能够快速缓解身体的疲劳感，红牛是其中的典型代表（图 3–20）。

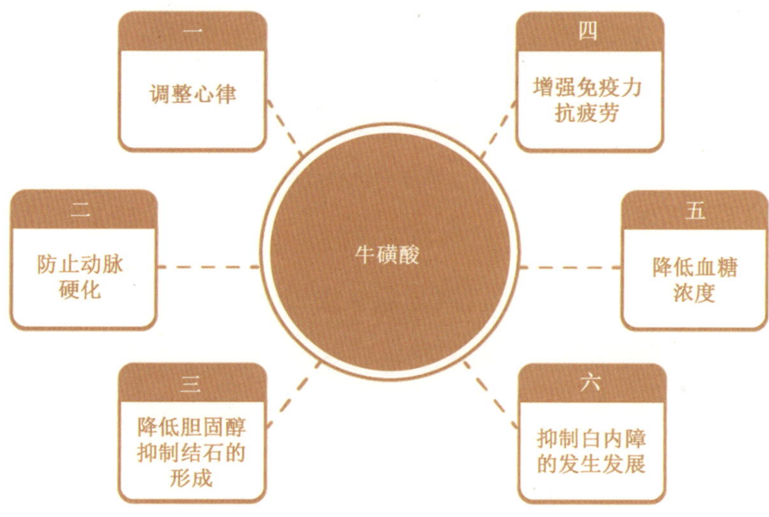

图 3–20　牛磺酸对人体的作用

在选择运动饮料时，需要注意以下几点。

（1）看糖含量

查看运动饮料的营养成分表，含糖量在 3~8 g/100 mL 之间的饮料可以考虑。含糖量太高或者太低，都不符合标准要求。

（2）看电解质

运动饮料含有一定量的钠和钾。国家标准规定，钠的含量应在 5~100 mg/100 mL，钾的含量应在 5~25 mg/100 mL。

（3）看是否有碳酸

很多饮料会添加碳酸（二氧化碳）以增加口感。虽然国家标准没有规定运动饮料禁止添加某些成分，但从运动营养的角度来看，运动前后不建议喝含有碳酸成分的饮料。碳酸容易造成腹胀和打嗝，虽然很多人感觉这种状态很清爽，但会提高呼吸频率，对运动状态和恢复是不利的（图 3–21）。

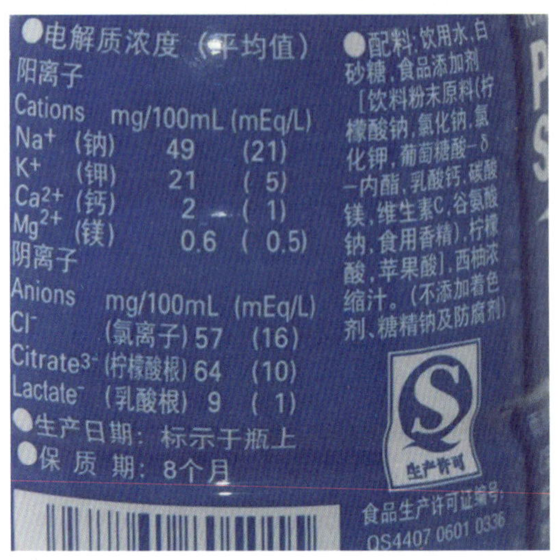

图 3–21　某运动饮料的成分表

（4）看维生素

如果一款运动饮料符合以上三个条件，基本上可以视为一款合格的运动饮料。不过，由于运动过程中一些水溶性维生素也会随体液丢失（如维生素 C 和 B 族），如果配料表中还含有这些维生素，那么这款饮料就是一款优秀的运动饮料了。

第四节　航空体育训练中的自我医务监督

一、航空体育训练自我监督的基本概念

人是高度发达且高度完善的有机体。在训练过程中，来自肌肉、呼吸、内脏和心血管系统等方面的各种刺激都会传到大脑。大脑综合分析了传入的信息后，对身体的工作能力、机能状况、疲劳程度做出相应的反应，身体的机能下降、疲劳或恢复等情况，都会从主观感觉及客观检查中反映出来。

扫码查看动画

所以有人把主观感觉称为“自我内在的呼声”。

自我监督是利用主观反映与简单的医学和生理指标对飞行人员的健康和身体状况进行观察的方法，也是综合医学观察的重要内容之一。自我监督指标的变化对判断飞行人员的机能状况和疲劳程度，有重要参考价值。

通过自我监督，能够帮助飞行人员的身体机能发展，从而保障身体健康，提高运动成绩。

航空体育训练中的训练监督包括“航空体育训练的自我监督”“航空体育教学监督”“航空体育训练医务监督”“体能考核（竞赛）期间监督”四方面（图 3-22）。

自我监督是在航空体育训练期间，能够观察自身的健康状况和生理机能变化的一种方法。

通过这种方法，飞行人员能够评定运动量的大小，避免过度疲劳，预防运动性伤病的发生。

图 3-22　航空体育训练图

二、航空体育训练自我监督的方法

1. 一般感觉

舰载飞行人员通常体力充沛且精神愉快，但在过度训练前时可能会感到软弱无力、

萎靡不振、易疲劳、易激动，可根据个人情况记录状态为“良好”“一般”或“不好”。

2. 运动心情

飞行人员在正常情况下，对运动通常抱有积极态度。如果由于训练方法不当或过度疲劳，可能会产生不愿意甚至厌烦的情绪。记录为“很想锻炼”“愿意锻炼”“不想锻炼”“厌烦锻炼”。

3. 食欲情况

运动会消耗大量的能量，需要身体里的营养物质补充，所以经常运动的人食欲通常较好、饭量较大。过度训练时，食欲可能会减退，饭量减少，需要区分的是运动后短暂的食欲降低不同于长期食欲减退。记录为“食欲良好”“食欲一般”“食欲减退”或“厌食”。

4. 睡眠情况

运动员的神经系统功能比较稳定，表现为睡眠良好，躺下后很快入睡，睡得熟，早晨精神振奋，全身有力。如果晚上出现失眠、屡醒、多梦，早晨起来头晕、没精神，可能是由于训练方法不当或运动量过大。

5. 不良感觉

剧烈运动后，由于身体过度疲劳，往往会出现四肢无力、肌肉酸痛、不愿活动，这是正常的生理现象，休息几天就会好转。如果在运动后出现头晕、恶心、心慌、气短、心前区疼痛，可能表明运动方法不妥或运动量过大。应根据实际情况记录感受。

6. 出汗情况

运动时出汗的多少与气候、运动强度、衣着、饮水量、训练水平及身体素质密切相关。突然大量出汗可能是过度训练的表现，应调整运动量。记录为“常出汗”“出汗减少”“出汗增多”或“大量出汗”。

7. 脉搏

脉搏次数和训练水平密切相关。如果训练强度相同，脉搏减少，则说明训练水平有所提高。在自我监督中常用早晨脉搏来评定训练水平和身体的机能情况，若早晨脉搏逐渐下降或不变，说明身体反应良好，训练有潜力；若每分钟增加十次以上，说明身体反应不良，需找出原因及时调整。记录为每分钟的脉搏数，每天记录一次。

8. 体重

参加体育锻炼后，体重可能有三种变化：第一种是刚参加完训练，身体里水分和脂肪大量消耗，导致体重下降；第二种是经过一段时间的锻炼，体重比较稳定，运动后减轻的体重逐渐恢复；第三种是长期坚持锻炼后肌肉逐渐增加，体重也随之增加，而且保持在一定水平上不变。建议每周早晨进行医务监督测量体重一次，也可以在运动前后分别测量体重，从体重的差值中观察运动量以掌握运动情况。

9. 肺活量

运动能使呼吸功能显著增强，肺活量的大小在一定程度上取决于呼吸功能的强弱。经常参加体育锻炼，能使肺活量增加，但是在过度疲劳时，肺活量就会减少。

10. 运动成绩

合理锻炼可逐步提高运动成绩，并保持运动水平。如果运动水平没有提高甚至下降，或动作的协调性变差，可能是由于早期过度训练，应引起注意，适当休息或调整运动量。

飞行人员应学会记运动日记，每天将自己参加运动或训练的情况，以日记的形式记录下来，每月请教员或医生查阅。每天都训练的飞行人员应逐日进行自我监督，不是每天都训练的飞行人员可隔一至两天记录一次。发现不正常的情况，应进一步分析了解，并在必要时调整运动量和运动方法。

第四章 航空体育中的伤病预防知识

舰载飞行作战环境要求飞行人员具备坚强的身心素质，而航空体育训练是获得这一素质的重要途径。通过航空体育训练，飞行员能收获强有力的体魄，增强力量、速度、耐力、灵敏、柔韧性等身体素质，从而满足日常训练和持久作战的需要。随着航空体育训练强度的不断提升，训练科目逐渐贴近实战，在医学干预尚不够及时与完善的情况下，“训练损伤”往往不可避免地出现，频发的伤病会在一定程度上影响飞行人员的训练进程和能力。因此，飞行人员尤其需要重视损伤的预防和控制。

航空体育训练的伤病与日常生活中的损伤不同，它的发生与飞行人员参与的项目和技术动作特点密切相关。作为飞行人员，掌握航空体育运动过程中伤病发生的原因、规律、应急处理和康复办法十分必要。本章主要对航空体育训练中的伤病预防知识展开阐述。

第一节　航空体育训练运动损伤预防基本理论

体育训练场是锤炼强健体魄的关键之地，想要取得收获，就必须一分耕耘一分收获，运动讲究“精耕细作”。

一、运动损伤的分类

航空体育训练中运动损伤的分类方法较多，常用的有以下几种：

1. 按损伤组织结构分类

按损伤组织结构分类的损伤一般有肌肉损伤、肌腱损伤、韧带损伤、关节软骨损伤、骨折、关节脱位、内脏损伤、脑震荡、神经损伤等（图 4–1）。

图 4–1　常见的运动损伤举例

2. 按创口是否与外界相通分类

（1）开放性损伤

此类损伤指伤部皮肤或黏膜破裂，创口与外界相通，有组织液渗出或血液流出，例如擦伤和刺伤等（图 4–2）。

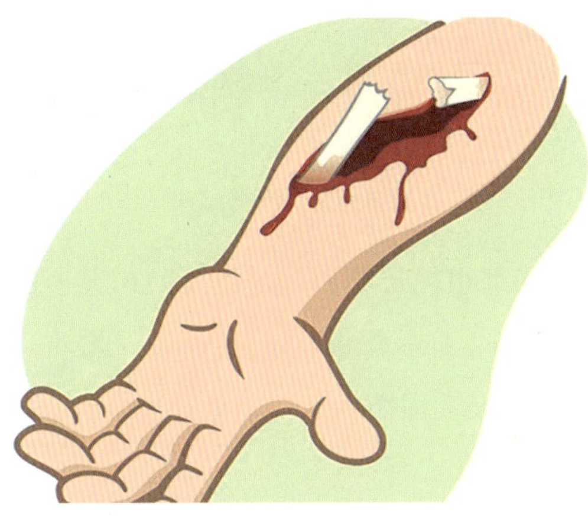

图 4–2

（2）闭合性损伤

伤部皮肤或黏膜完整，无创口与外界相通，损伤后的出血积聚在组织内，例如关节韧带扭伤、肌肉拉伤、内脏破裂、闭合性骨折等（图 4–3）。

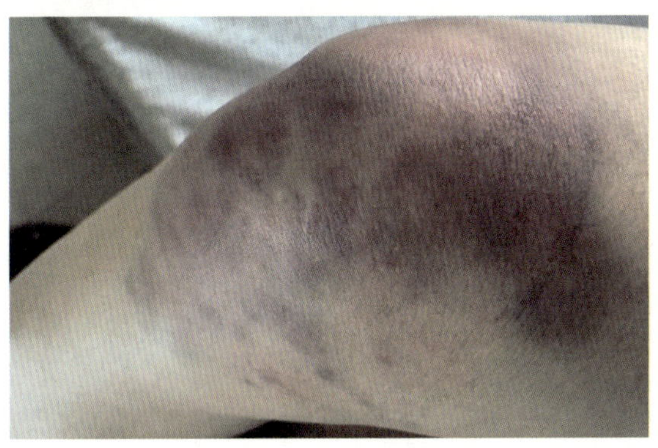

图 4–3　闭合性损伤

3. 按损伤发生的缓急分类

（1）急性损伤

指直接或间接暴力一次作用造成的损伤称，通常伤后症状会迅速出现（图 4–4）。

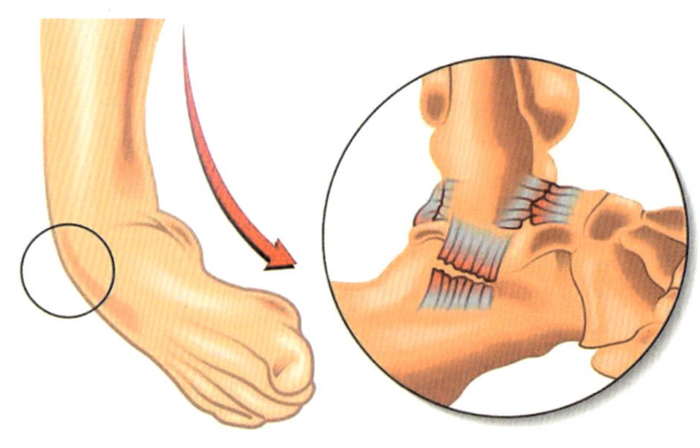

图 4-4　急性损伤

（2）慢性损伤。多因局部组织长期负担过度，超过其所能承受的能力，由反复微细损伤积累而成，其发病缓慢，症状渐起，病程较长。此外，因急性损伤处理不当而导致反复发作的损伤，也称为慢性损伤。

二、运动损伤的原因

造成运动损伤的原因有很多，总结起来主要有两个方面，一是潜在原因，二是直接原因。潜在原因是指运动项目的特殊技术要求与身体某些部位的解剖生理特点之间的不相适应，如一些飞行人员在进行负重跳时，由于跳起时跖屈的踝关节稳定性差，加之踝关节外侧韧带薄弱且内翻的肌肉力量大于外翻的肌肉力量，落地时易因重心不稳导致踝关节过度内翻，从而引起踝关节外侧韧带扭伤（俗称“崴脚”）。需要注意的是，潜在原因的存在并不一定引起损伤的发生。

扫码查看动画

运动损伤发生的直接原因主要有以下七个方面。

1. 思想上不重视

运动损伤的发生常与航空体育训练中飞行人员对预防运动损伤重要性的认识不足有关，这往往导致飞行人员思想麻痹大意，在健身过程中未积极采取有效的预防措施。

2. 缺乏合理的准备活动

在准备活动中常见的问题包括：

①不做准备活动或准备活动不充分；

②准备活动的内容与正式运动的内容结合得不好或缺乏专项准备活动；

③准备活动量过大，导致正式运动前身体已经出现疲劳；

④准备活动的强度安排不当，容易引起运动损伤；

⑤准备活动距正式运动之间间隔过长，导致准备活动的效应消失。

3. 技术动作错误

技术动作违反人体结构功能的特点和运动时的力学原理，往往是飞行人员运动健身或学习新动作时发生损伤的主要原因。例如，进行卧推练习时双手握距过宽，可能导致肩部压力过大，从而发生损伤。

4. 运动负荷过大

安排运动负荷时未遵守循序渐进、系统性和个别对待的原则，没有充分考虑到参训者的生理特点，导致运动负荷超过了飞行人员可以承受的生理负荷量，尤其是局部负荷过大，从而引起损伤。

5. 身体功能和心理状态不良

当飞行人员睡眠不足、休息不良、处于患病受伤或伤病初愈阶段，或感到疲劳时，肌肉力量、动作准确性和身体协调性会下降，警觉性和注意力也会减退。在这种情况下进行剧烈运动或较难的动作练习，容易发生损伤（图 4–5）。

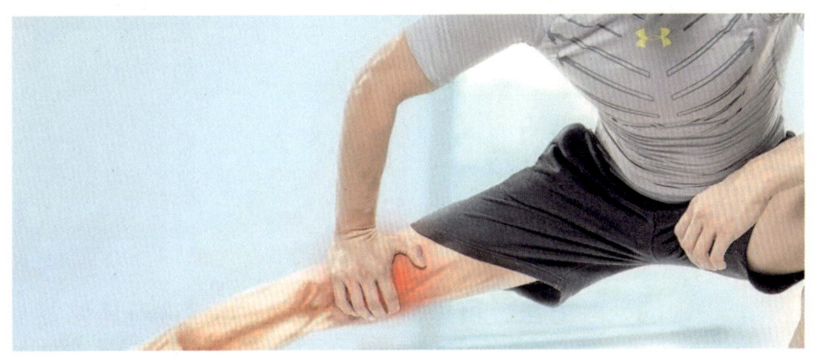

图 4–5　练习难度动作发生损伤

6. 场地设备缺陷

运动场地不平、杠铃片或哑铃随意摆放、器械的结构不符合飞行人员的个体特点、设备安放位置不当或维护不良、缺乏必要的防护用具（如护腕护踝护腰）、运动服装和鞋袜不符合运动卫生要求等因原均易产生运动损伤。

7. 不良气象的影响

训练过程中气温过高易引起疲劳和中暑，气温过低则易导致肌肉僵硬及身体协调性下降；环境过于潮湿易大量出汗导致肌肉痉挛或虚脱；在光线不足、能见度差的环境中运动会影响视力，导致兴奋性降低和反应迟钝等，上述因素均易导致损伤的发生（图 4-6）。

图 4-6　中暑的症状

三、运动损伤的治疗与康复

伤后及时采取正确的处理方法，可以减轻炎症反应并促进身体修复，以下是几种伤后相对应的处理方法。

1. 冷冻疗法

冷冻疗法是利用低于人体温度的物理因子进行治疗的一种物理疗法，能降低局部组织温度，使血管收缩，减轻局部充血，抑制感觉神经，具有止血、镇痛、防止或减轻肿胀的作用，适用于急性闭合性软组织损伤的早期，应在伤后立即使用。冷冻疗法一般使用冰袋或冷冻气雾剂。使用冰袋或用冰块装入塑料袋内进行伤部冷敷约 20 min；若用冷冻气雾剂作局部喷射时（面部不宜采用），应将喷射出的细流与皮肤垂直，瓶口距皮肤 20~30 cm，每次喷射约 10 s，不可喷射过多，以防冻伤。如条件有限，也可用冷水毛巾敷在伤部，每 2~3 min 更换一次。冷敷结束后，应进行加压包扎并抬高伤肢，以进一步促进康复（图 4–7、图 4–8）。

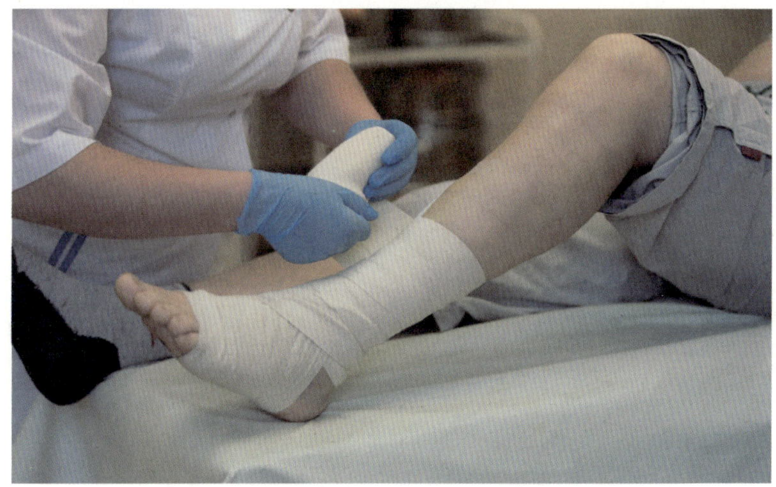

图 4–7　加压包扎

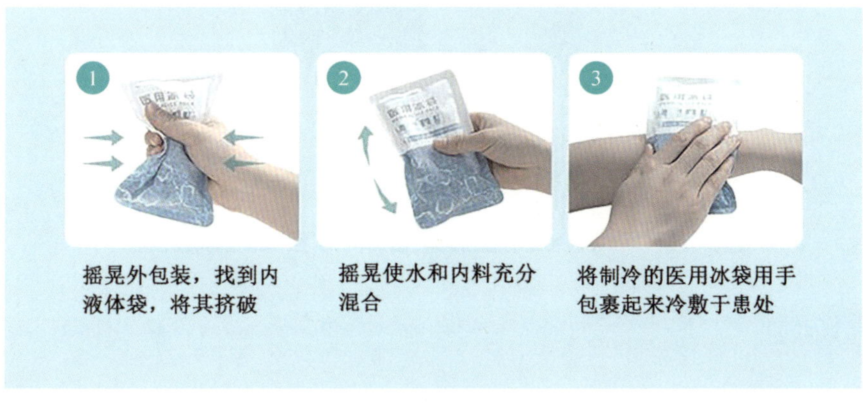

图 4–8　冰袋冷冻疗法

2. 温热疗法

温热疗法是利用高于人体温度的物理因子进行治疗的一种物理疗法，包括热敷和红外线照射等，它能扩张局部血管，促进血液和淋巴循环，加快组织的新陈代谢，从而缓解肌肉痉挛，加速淤血和渗出液的吸收，促进损伤组织的修复，具有消肿、解痉、减少粘连和促进愈合的作用，常用于急性闭合性软组织损伤的中期和后期及慢性损伤的治疗。热敷时一般采用热水袋或热水毛巾，每天 1~2 次，每次敷 20~30 min。热敷的温度要适当，以防烫伤（图 4–9、图 4–10）。

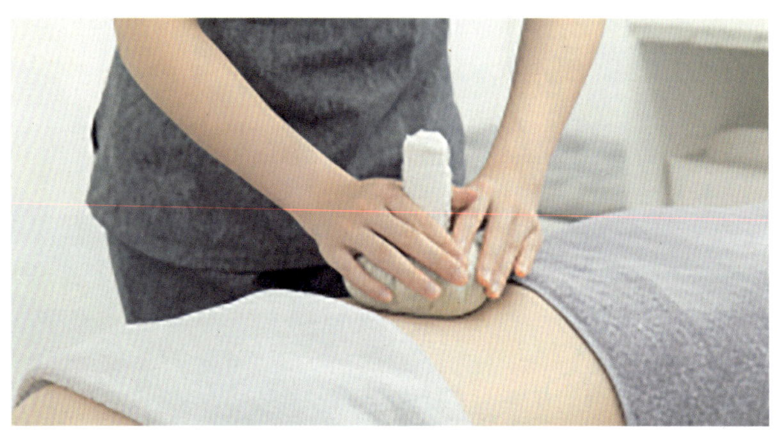

图 4–9　中药包热敷理疗

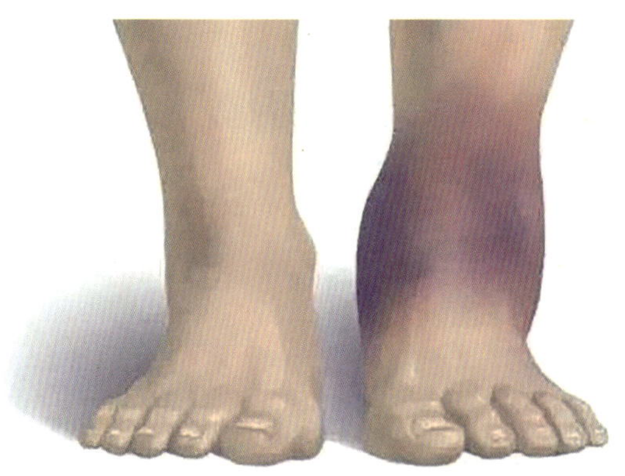

图 4–10　急性闭合性软组织损伤

3. 按摩疗法

按摩是治疗软组织损伤的重要方法，不仅疗效显著，而且经济、简便、易懂且易学，只要方法运用得当，就不会产生任何副作用。按摩手法的基本要求包括均匀、持久、柔和和深透（图 4–11）。

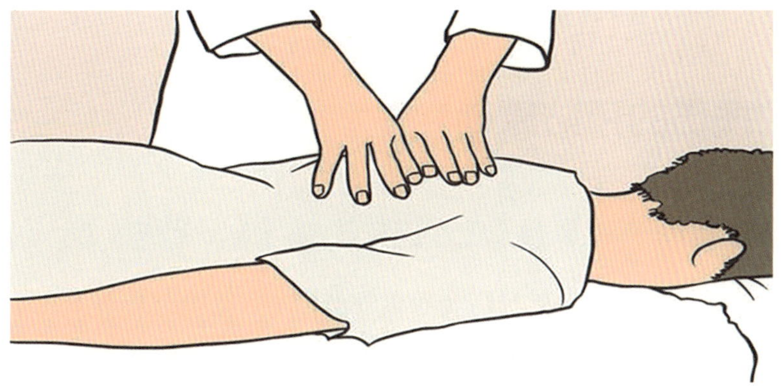

图 4–11　按摩疗法示意图

4. 使用保护支持带

正确使用保护支持带，能促进损伤组织愈合并防止再伤。使用保护支持带恢复的原理是让关节固定在相对适宜的位置，使受伤组织不再受到牵扯，活动时不加重疼痛。常用的保护支持带有各种护具（护膝、护踝、护肘、护腕、宽带护腰等）和弹力绷带等（图 4–12）。

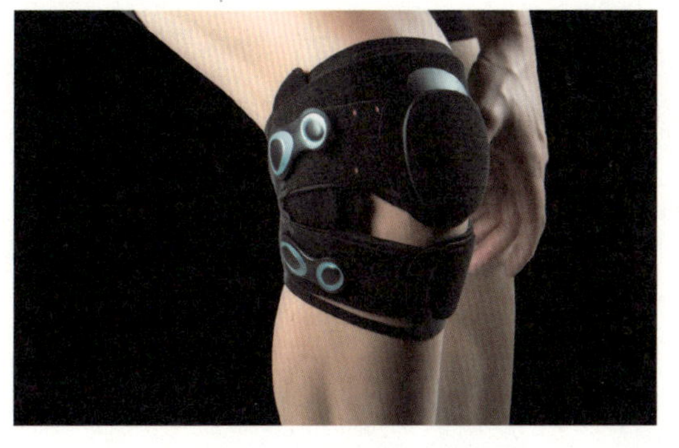

(a) 护膝

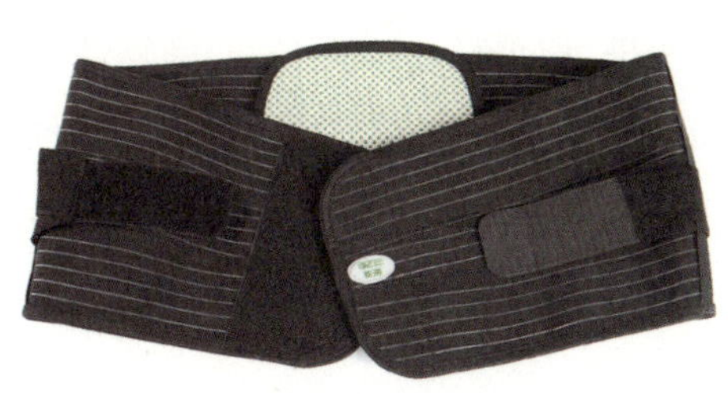

(b) 护腰

图 4–12　护具

四、运动损伤的预防

运动损伤的发生不仅会对飞行人员的身体组织和机能造成损害，还有可能使引发恐惧心理，甚至会影响和挫伤其参训积极性与信心。因此，每一名飞行人员都应充分重视运动损伤的预防，积极采取相应的预防措施，最大限度地消除运动损伤的隐患，确保训练的有效性和安全性。

五、运动损伤的预防原则

1. 注重预防损伤的宣传教育

航空体育训练教练应将损伤预防的知识宣教作为日常教学指导工作中的重要组成部分，使飞行人员树立安全运动的观念，从思想上重视运动损伤的预防，同时主动掌握安全运动的知识与技能，将防伤的意识与措施贯彻到每一次的锻炼中。

2. 科学制定锻炼计划，遵循安全运动原则

不同性别、年龄、机能状况和锻炼水平的飞行人员对运动刺激的反应各不相同。因此，需根据个体差异制定适当的健身计划，合理安排运动负荷。同时，还要遵循体育锻炼的循序渐进、系统性和全面性的运动原则，最大限度地减少运动损伤的发生。

3. 注重锻炼前后的柔韧性练习

运动前的柔韧性练习（拉伸）可提高肌肉温度和关节的活动度，特别是与抗阻练习结合进行时可以提高韧带的稳定性和平衡性，从而有效预防正式运动中肌肉的拉伤；运动后的拉伸有利于促进肌肉的疲劳恢复，缓解肌肉的僵硬和变形。一般建议运动前主要采用主动性的动态拉伸，运动后主要采用静力拉伸（图 4–13）。

图 4–13　运动后的拉伸

4. 加强易伤部位的功能锻炼

加强易伤部位和相对薄弱部位的训练，提高其功能，是预防运动损伤的一种积极手段。例如，为了预防腰部损伤，应加强核心肌群的力量训练；为了预防大腿后群肌肉拉伤，应注重发展该处肌肉的力量和伸展性。此外，健身训练中动作的完成不仅需要大肌肉群，还需要一些小肌群辅助，因此，力量练习不应忽视小肌群的练习，以免造成肌肉力量不均衡，增加受伤的风险。

5. 加强学习运动中的保护与帮助方法

进行力量训练时，尤其在进行大负荷自由重量或不稳定状态下的动作练习时，航空体育训练教练应注意对飞行人员予以生理和心理上的保护，同时也应教会飞行人员基本的自我保护和给予他人保护的方法。

6. 创建安全的健身环境

航空体育训练的器材、设备、场地及飞行人员的衣着等方面应在锻炼前都应进行严格的检查，例如，杠铃片安装上杠铃杆后是否锁死或器械插销是否完全插入插孔等。

第二节　航空体育训练中常见的损伤和处理方法

本节主要围绕航空体育训练过程中常见的运动损伤及处理方法展开阐述，主要涉及软组织损伤、肌肉拉伤、肩袖损伤及急性腰扭伤四种。

一、软组织损伤及其处理

软组织损伤是指皮肤、肌肉、筋膜、肌腱、腱鞘、韧带、关节囊、滑囊、血管、神经等组织的损伤。根据伤部皮肤状态和黏膜是否完整，可分为开放性损伤和闭合性损伤两类。

1. 开放性软组织损伤及其处理

（1）擦伤

擦伤是指皮肤受到外力摩擦，被擦破出血或有组织液渗出的开放性软组织损伤。创口浅且面积小的擦伤，可用生理盐水或凉开水洗净创口，然后在周围用75%酒精棉球自内向外呈环形消毒，再涂上碘伏。一般面部擦伤不建议使用紫药水涂抹，关节附近的擦伤不宜使用暴露疗法，以免皮肤干裂而影响关节运动（图4–15）。

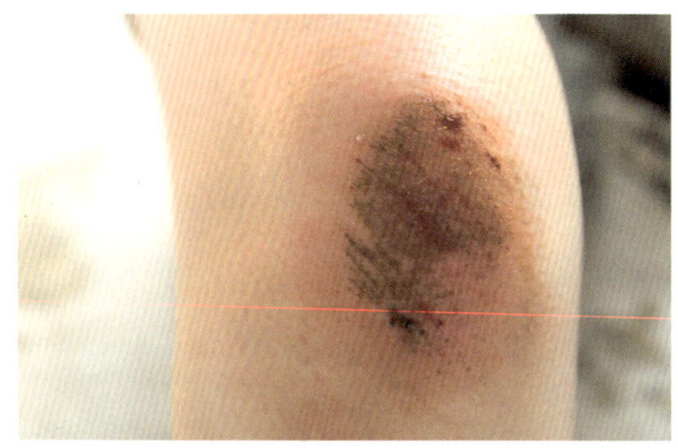

图 4–14　皮肤擦伤

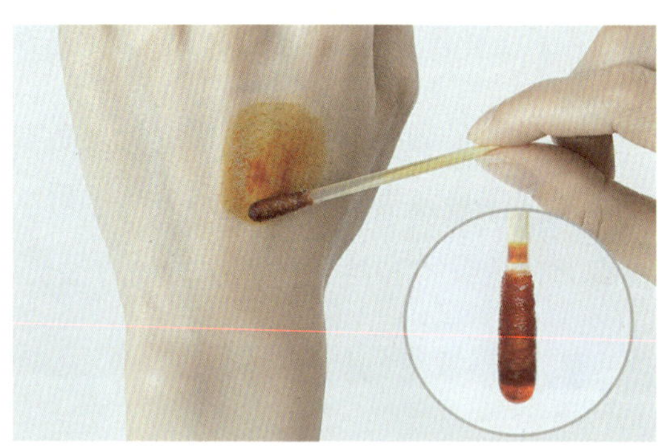

图 4–15　涂擦碘伏

（2）撕裂伤

皮肤撕裂伤若伤口小，经止血和消毒处理后，可用黏膏粘合；伤口较大则需前往医院进行缝合等进一步处理（图4–16）。

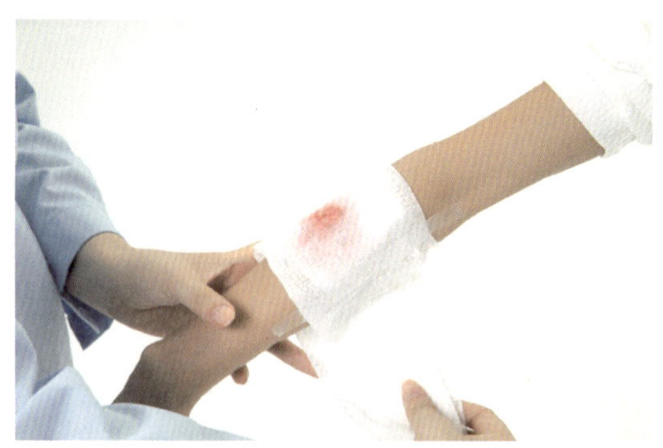

图 4–16　伤口的缝合包扎

（3）刺伤和切伤

刺伤和切伤的处理方法基本上与撕裂伤相同。如果被不洁物致伤且创口小而深时，应注射破伤风抗毒素以防感染。

2. 闭合性软组织损伤及其处理

闭合性软组织损伤是运动损伤中最为常见的类型，如肌肉拉伤和关节韧带扭伤等。飞行人员应熟练掌握损伤早期的处理方法，以有效减少损伤带来的影响，以下是在损伤早期、中期及后期的损伤处理方法。

（1）早期

一般指伤后 24~48 h 及以内。早期伤后症状主要表现为损伤局部发红、肿胀、发热、痛和功能障碍。早期处理应遵守 PRICE 原则（图 4-17），包扎固定 24 h，拆除后再根据伤情做进一步处理。可外敷新伤药或服用止痛剂等。

（2）中期

一般指受伤 24~48 h 以后，此时瘀血和肿胀然仍存在。治疗方法包括理疗、按摩、针灸及中草药熏洗等，以促进恢复。

（3）后期

损伤后期通常肿胀和压痛已基本消退，但功能尚未完全恢复，因此重点在于恢复和增强肌肉及关节的功能。治疗方法主要包括按摩、理疗和功能锻炼，同时配合支持带固定和中草药熏洗等。

Protection（保护）

应立刻停止受伤部位的活动，并对受伤部位进行保护措施。

Rest（休息）

受伤部位应妥善休息，以避免因继续出血肿胀而加重伤害。

Ice（冰敷）

受伤48 h 内为「急性期」，受伤部位于急性期时应进行冰敷，
并严禁推拿、按摩与热敷。冰敷可以减低出血、疼痛与肿胀并放松肌肉。

Compression（加压）

对受伤部位进行加压固定，使其不再出血，可以使用弹性绷带缠绑，缠绑的力量应适中，
若肢体末端出现紫色或麻木感，表示包扎太紧，须放松些。

Elevation（抬高）

应抬高受伤部位以减少继续出血。受伤的部位若在上肢，可抬高患侧使其高於心脏；
在下肢则最好高於骨盆的位置。

图 4-17　损伤的处理步骤

二、肌肉拉伤及其处理

肌肉拉伤是指肌肉、肌腱或其周围软组织受到过度牵引而引起的损伤，常见于缝匠肌、腓肠肌、股四头肌、髋关节屈肌、髋关节内收肌、背肌、三角肌和肩袖肌群等。

1. 损伤原因

主动的猛烈收缩或被动的强力牵伸若超出肌肉本身的承受能力，均可能导致拉伤。例如，弯腰抓举杠铃时，骶棘肌猛烈收缩而发生拉伤。

2. 症状与体征

（1）一级（轻度）

表现为局部疼痛，用力时疼痛加重，肌肉力量轻微下降，局部轻微肿胀、淤血和压痛。

（2）二级（中度）

上述一级症状程度更严重，肌力力量明显下降。

（3）三级（重度）

丧失肌肉功能，在肌肉上能触摸到断裂的肌纤维，收缩后形成凹陷。

3. 处理与预防

轻度和中度肌肉拉伤可按照闭合性软组织损伤早期处理方法进行恢复，怀疑肌肉或肌腱完全断裂时，应进行局部加压包扎固定后，立即送医院治疗。

教练应指导飞行人员加强对抗肌群的力量和柔韧训练，使屈肌和伸肌的力量及伸展性保持相对平衡，从而有效预防肌肉拉伤的发生。同时，还要重视充分的准备活动，合理安排运动量，并纠正动作和技术上的错误（图 4–18）。

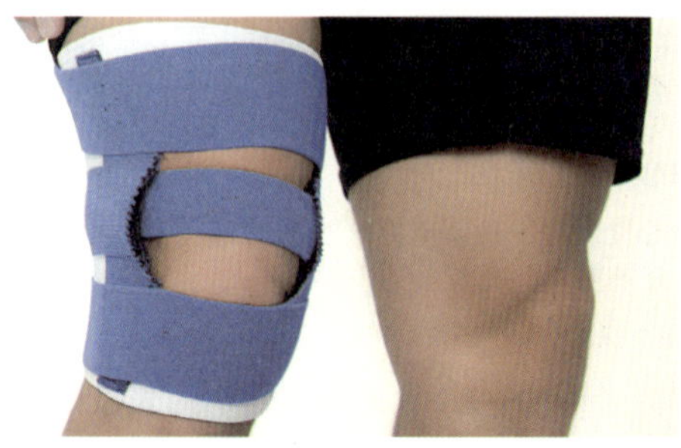

图 4–18　肌肉损伤的处理

三、肩袖损伤及其处理

肩袖损伤指肩袖肌腱和肩峰下滑囊的创伤性炎症。肩关节是人体关节中最灵活和活动范围最大的关节，其稳定性主要依靠关节周围的肌肉、肌腱和韧带维持，尤其是肩袖的稳定性。肩袖由冈上肌（司肱骨外展）、肩胛下肌（司肱骨内旋）、冈下肌和小圆肌（司肱骨外旋）四块肌肉组成，肌腱扁宽，部分腱纤维与肩关节囊交织，远端分别止于肱骨大和小结节，形似袖口样包裹着肩关节，又称肌腱袖或旋转袖。肩袖肌腱周围组织空间狭小，与连接喙突与肩峰的喙肩韧带之间有肩峰下滑囊，在肩关节运动中起到减少摩擦的作用。

1. 损伤原因

当肩关节外展伴内旋时，肩袖肌腱特别是冈上肌肌腱会与肩峰发生摩擦和挤压，尤其在外展 60°~120° 时，这种摩擦和挤压最为明显。当外展超过 120° 以后，由于肩胛骨回旋，冈上肌肌腱与肩峰间的距离增大，摩擦和挤压现象随之缓解或消失。在健身运动中，忽视肩袖肌的力量练习，且在负担过重情况下反复进行超范围的肩关节运动（如外展和旋转），则肩袖肌腱（尤其是冈上肌）和肩峰下滑囊受到挤压和撞击，这是肩袖损伤的典型机制。此外，有些人群的疼痛症状会缓慢出现，并无明显损伤史（图 4–19）。

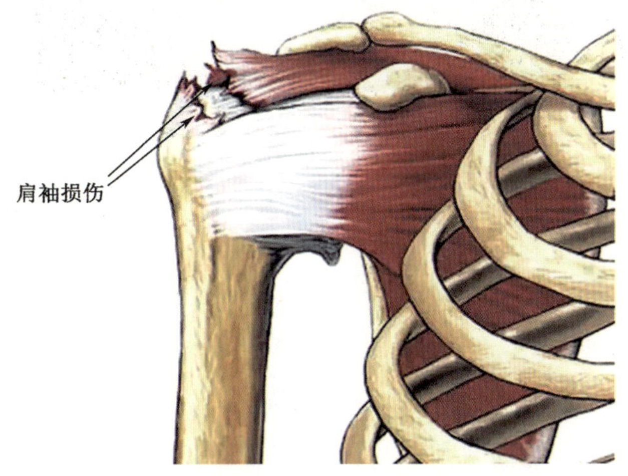

图 4–19　肩袖损伤

2. 症状与体征

急性肩袖损伤时，多伴有肩外侧疼痛，有些患者的疼痛会向三角肌止点或颈部放射，且夜间疼痛往往更为明显，在肩峰和脉骨大结节处常有压痛。当肩关节活动或被动外展至 60°~120° 或内外旋转时，疼痛加剧；但当继续外展超过 120° 或用力牵拉上臂后再开始外展时，疼痛通常会缓解或消失。当上臂从 180° 的上举位放下时，同样会在 60°~120° 角范围内再次出现疼痛，小于 60° 时疼痛缓解或消失，着这种现象即为“痛弧试验”阳性反应。这既是肩袖损伤（尤其是冈上肌损伤）的重要征象，同时也可以作为飞行人员日常的自我检查手段，有利于早期发现肩袖损伤。慢性损伤者则常伴有三角肌、冈上肌和冈下肌的萎缩和乏力（图 4–20）。

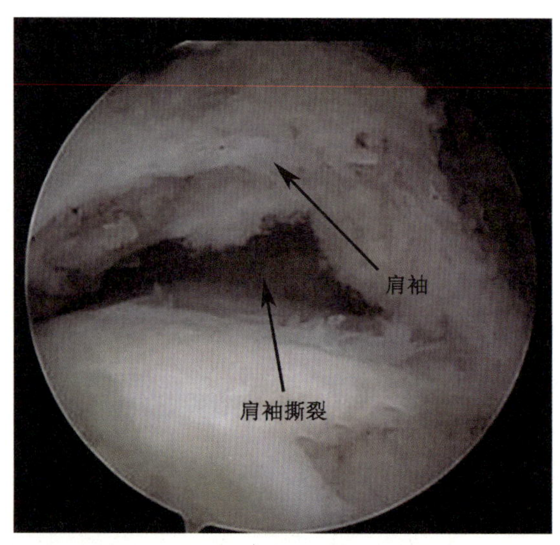

图 4–20　肩袖撕裂示意图

3. 处理与预防

急性损伤后应暂停运动，将上臂外展 30° 并适当休息，配合理疗、针灸、按摩、外敷中药等方法促进恢复。恢复后，进行肩关节下垂放松的回环、旋转及举臂等活动，有利于机体功能康复。症状完全消失后，可向多个方向做负重练习，但应避免引起疼痛的动作。少数肩袖肌腱断裂者，需要经合理治疗 3 个月以后才能参加正规锻炼（图 4–21）。

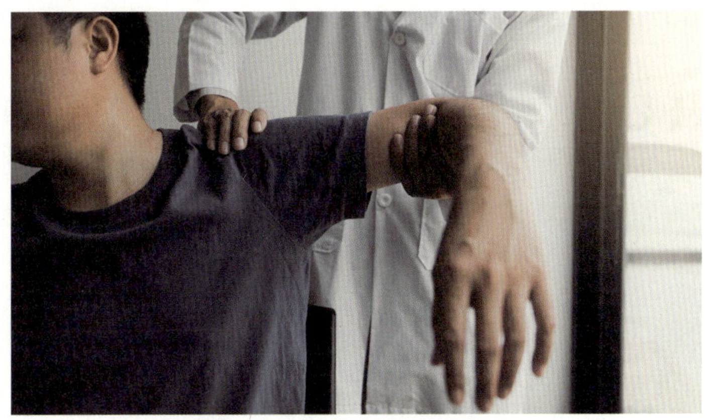

图 4–21　肩袖损伤的运动处理

加强肩袖肌群力量，提高肌肉的力量和协调性，并增加肩关节稳定性是预防肩袖损伤的重要方法。此外，充分的准备活动、合理的训练负荷、正确的技术要领、运动后及时的体力恢复也是损伤预防不可或缺的要素。

四、急性腰扭伤及其处理

腰部是人体活动的枢纽，脊柱两侧的肌肉是腰部活动的主要动力结构并能保持脊柱的稳定性。急性腰扭伤主要包括肌肉、筋膜、韧带和关节扭伤，常在伤后即刻或 1~2 日后发生腰痛（俗称“闪腰”）。90% 以上的腰扭伤发生在骶棘肌和腰骶关节处（图 4–22）。

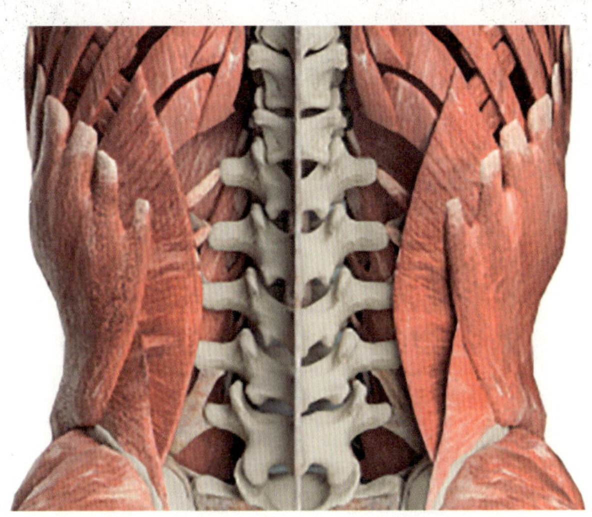

图 4–22　人体腰部及脊柱两旁肌肉

1. 损伤原因

急性腰部扭伤多发生在肌肉力量不足、局部负荷过大或提取重物时姿势不当的情况下。例如，在做杠铃深蹲时，由于弯腰下蹲，未能有效利用髋节关和膝关节周围大肌肉的力量来应对阻力，致使腰背筋膜、肌肉、韧带的负担过重，或因不协调运动而受伤。

2. 症状与体征

绝大多数伤者有明确的受伤史，导致腰部随意运动受限，通常在受伤后 24~48 h 内，疼痛达到最高峰。受伤后疼痛显著，脊柱无法完全伸直，因肌痉挛而引起脊柱生理曲线改变者为较重的扭伤。虽然腰部扭伤可能引起下肢疼痛，但仅局限于臀部，大腿后部和小腿的感觉通常保持正常（图 4–23）。

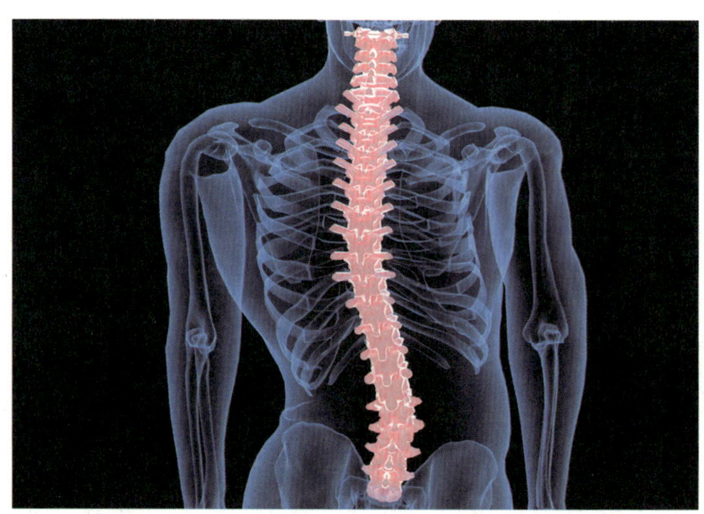

图 4–23　脊柱生理曲线改变示意图

3. 处理与预防

伤后初期应仰卧在有垫子的木板床上进行短期休息，可以在腰部垫一个薄枕头以便放松肌肉。腰肌轻度扭伤需休息 2~3 天，较重扭伤则需休息 1 周左右。扭伤 48 h 后可进行穴位按摩，并配合外贴活络止痛膏或内服活络止痛药等方法恢复，拔罐、针灸、理疗等方法也有较好的疗效（图 4–24）。

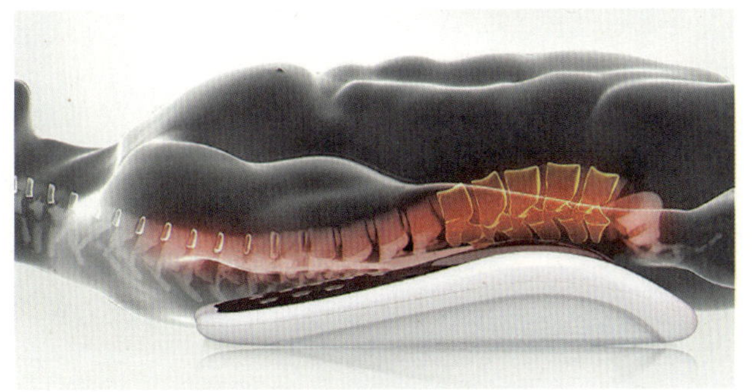

图 4–24　腰部垫起处理方式

可以从以下几方面进行腰部扭伤预防：第一，要做好充分的准备活动，以提高腰部和腹部肌肉的协调性；第二，运动时应集中注意力，充分意识到所承受的负荷和动作，做好心理准备；第三，学会提重物的正确姿势。在提杠铃或弯腰搬运重物时，避免直腿弯腰提重物，而是将重物靠近身体，屈髋屈膝，以减轻腰部的负担；第四，加强核心肌群的力量与伸展性训练，力量练习时可适当使用护腰带。

五、腰肌劳损及其处理

腰肌劳损是指腰骶部肌肉及其附着点筋膜或骨膜的慢性损伤性炎症，主要症状是腰部或腰骶部胀和酸痛并具有反复发作的特点。疼痛程度可能随气候变化或劳累程度而波动，一般在劳累时加重，休息后可缓解。适当的活动和经常改变体位能减轻疼痛，过度活动则会加重疼痛。腰肌劳损若长时间不愈，可能导致肌纤维变性，甚至发生少量撕裂，形成瘢痕、纤维索条或粘连，从而引发长期慢性腰背痛（图 4–25）。

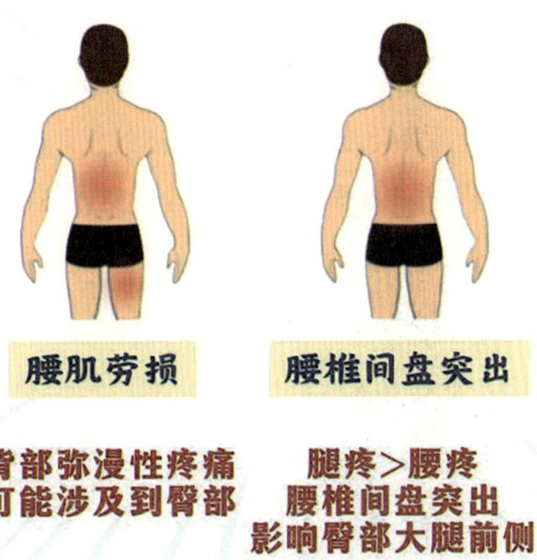

图 4–25　腰肌劳损和腰椎间盘突出的疼痛点

1. 损伤原因

腰肌劳损是由于反复的机械力作用在肌肉、筋膜、韧带、关节囊上引发的慢性损伤，常见于长期弯腰、负荷过重或体位姿势不良的情况下，这时腰部肌肉被动牵张或持续收缩，导致局部供血不良，进而引起营养及代谢障碍。此外，腰部的反复微小损伤或急性扭伤未能充分愈合，也会导致受损组织的耐力和力量下降，最终形成慢性劳损。

2. 症状与体征

腰肌劳损的主要症状包括腰部酸痛或胀痛且疼痛的范围较广，有时疼痛可能扩散到臀部和大腿的后侧或外侧，但不会出现麻木感。患者通常表现为肌肉轻度僵硬，尤其在白天运动较多、久坐或久站、从弯腰姿势转为直立时，疼痛加重。经过短期休息或平卧后，疼痛会有所缓解。腰部常见压痛点，位于骶棘肌处、棘突或棘间、腰椎小关节或腰椎横突处。腰肌劳损患者通常无法长时间弯腰工作，虽然腰部外形和活动度并无明显异常，也无明显腰肌痉挛，但会因持续负重而加重不适感。

3. 处理与预防

按摩与康复训练是缓解腰痛的有效方法。按摩可针对腰部劳损引起的腰部肌肉痉挛和组织粘连，有助于减轻或消除疼痛。康复训练则是在不引起疼痛和肌肉痉挛的前提下，着重加强核心肌群的力量，这有助于增强肌肉的弹性和耐力，改善脊柱的稳定性、灵活性和耐久性，并促进肌肉的供氧状态和粘连的松解。

预防措施包括定期进行改变体位的交叉训练，使不同的肌群有轮换休息的机会，以减轻疲劳和预防劳损；在全面训练的基础上加强腰部和腹肌的训练，增强腰部和腹肌的力量，有助于提高胸腹内压，从而保护脊柱，预防腰肌劳损。

六、腰椎间盘突出症及其处理

腰椎间盘突出症是因椎间盘发生退行性改变，再加上损伤和过劳等因素使腰椎间盘受到挤压、牵拉和扭转，进而引起腰椎间盘的纤维环破裂、髓核突出。突出部分刺激或压迫脊神经根和脊髓，导致腰腿痛等一系列综合症状，严重时可能引起下肢功能障碍，影响行走能力（图 4–26）。

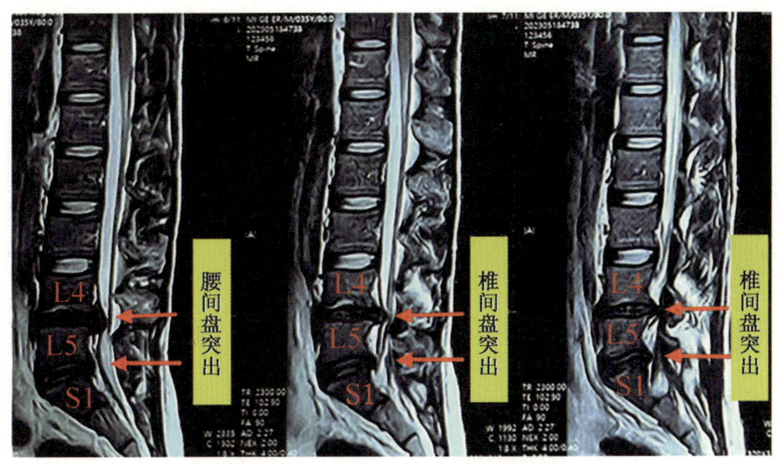

图 4–26　椎间盘突出的病例举例

1. 损伤原因

引起腰椎间盘突出症的主要原因包括腰椎间盘的退行性改变（主要表现为含水量的降低引起的椎间盘失稳松动）和纤维环的退变（主要表现为坚韧性程度降低），以及长期反复由外力造成的轻微损害作用于腰椎间盘，也会加重退变的程度（图 4–27）。

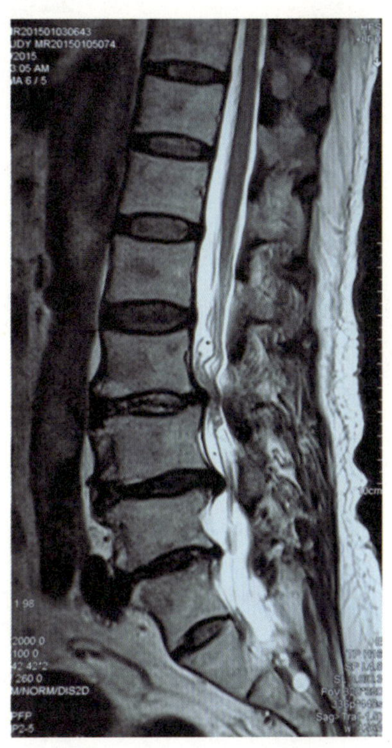

图 4–27　腰椎间盘退行性改变病例

腰椎间盘突出症的诱发因素主要包括以下几个方面：突然负重或急性腰扭伤是导致纤维环破裂的主要原因；此外，腰部外伤、姿势不当、腹压增高等也可导致髓核突出；寒冷潮湿环境会引起血管收缩和肌肉痉挛，导致椎间盘压力增大，易使退变的椎间盘破裂，髓核脱出。

2. 症状与体征

腰椎间盘突出症患者常见症状包括下腰痛和坐骨神经痛，发病前常有腰部扭伤、劳累或受寒史。腰腿痛常在行走、站立、久坐等活动后加重，卧床休息后可暂时缓解。半数伤者在咳嗽、打喷嚏或腹部用力时疼痛加重。高位腰椎间盘突出症患者的常见症状多表现为下腹部腹股沟区或大腿前内侧疼痛（图 4–28）。

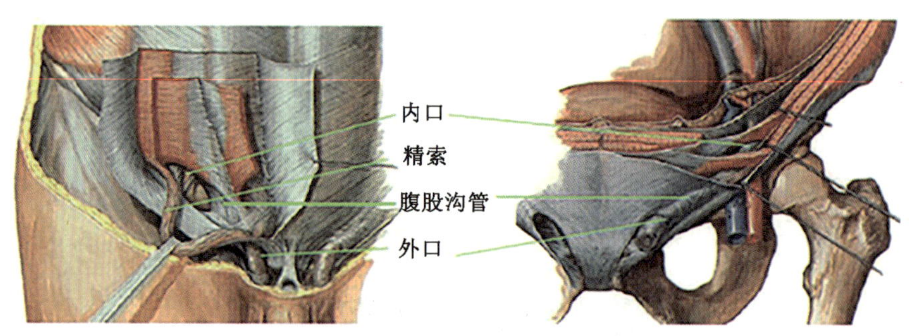

图 4–28　人体下腹部腹股沟区结构图

3. 处理与预防

腰椎间盘突出症的治疗方式首选物理治疗，其次进行按摩、推拿、牵引、针灸、火罐等方式治疗，此外，进行卧床休息也是一种简便且有效的治疗方法。

预防腰椎间盘突出症应加强核心肌群的力量和稳定性，在运动健身时，尤其是在进行腰部动作时，应注意技术动作的正确性。

七、髌骨劳损及其处理

髌骨劳损是髌骨软骨病和髌骨周缘腱止装置慢性损伤的统称（图 4–29）。

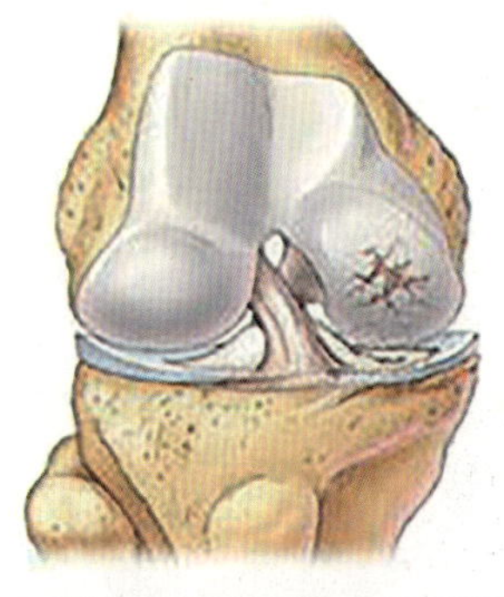
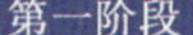
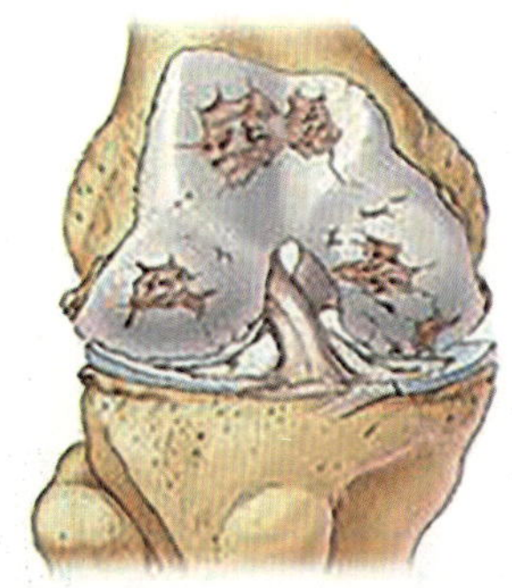
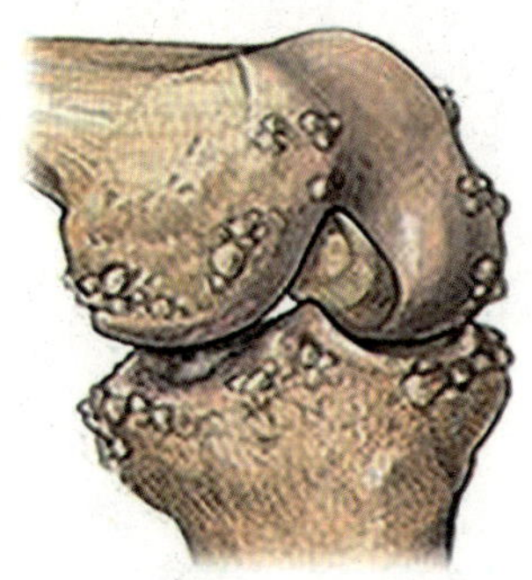

第一阶段　　第二阶段　　第三阶段

图 4-36　髌骨软骨病的三个阶段示意图

1. 损伤原因

扫码查看动画

髌骨劳损主要由膝关节长期负担过重或反复的微小损伤积累而成，也可能因局部遭受一次性撞击和牵扯造成。尤其是膝关节处于半蹲位时，由于韧带松弛，膝关节的稳定性下降，此时主要靠髌骨和股四头肌来维持膝关节的稳定，髌骨周围腱止部与髌韧带所承受的牵拉张力和髌骨及骨骼相应关节面所承受的按压力都较大。在半蹲位时起跳发力或屈伸扭转时，髌骨周围腱止部所承受的牵拉张力进一步增大，髌骨关节面间之间不断产生错动、拧扭、撞击和摩擦，易引发损伤。

2. 症状与体征

髌骨劳损的早期或轻度劳损患者仅会在大运动量训练后感到膝痛和膝软，休息后症状通常就会消失。随着病变的发展，疼痛逐渐加重，经过准备活动后症状常有所减轻，但运动结束后疼痛会加重，休息后症状又可缓解。随后，疼痛变为持续性，个别严重者在走路和静坐时也会感到疼痛。膝关节疼痛发软与动作关系密切，主要表现为半蹲和上下楼梯时疼痛，以及半蹲发力时，因膝关节酸软乏力，可能会突然坐下或跌倒。

髌骨劳损时膝关节可能会出现不同程度的积液。病程长和症状较重者常伴有股四头肌萎缩和髌骨周缘压痛，单足半蹲试验和髌骨软骨摩擦试验均为阳性（图 4-30、图 4-31）。

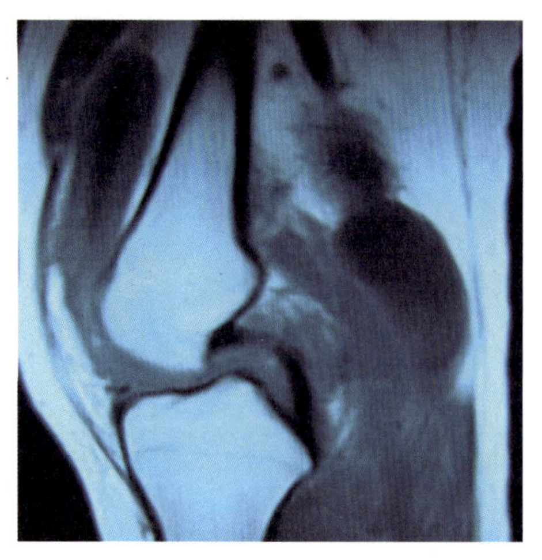

图 4-30　人体膝关节积液影像图

图 4-31　单足半蹲试验动作图示

3. 处理与预防

理疗、中药外敷、针灸、按摩等均可用于髌骨劳损的治疗。加强股四头肌力量和膝关节稳定性的训练，是防治髌骨劳损的积极方法。例如，在不引起膝关节疼痛的前提下，练习高位静止半蹲和闭眼单脚高位半蹲，以及在平衡垫上进行类似练习，均有助于预防髌骨劳损（图 4-32、图 4-33）。

图 4-32　高位静止半蹲动作图示

图 4-33　单脚高位半蹲动作图示

八、踝关节外侧韧带损伤及其处理

踝关节扭伤在关节韧带损伤中最为常见，且多发生在外侧副韧带，尤以距腓前韧带损伤最为常见。踝关节的外侧副韧带由三条韧带组成，即距腓前韧带、跟腓韧带、距腓后韧带。距腓前韧带的部分纤维参与组成关节囊的构成，因此当该韧带发生撕裂时，往往伴随关节囊和滑膜的损伤（图 4–34）。

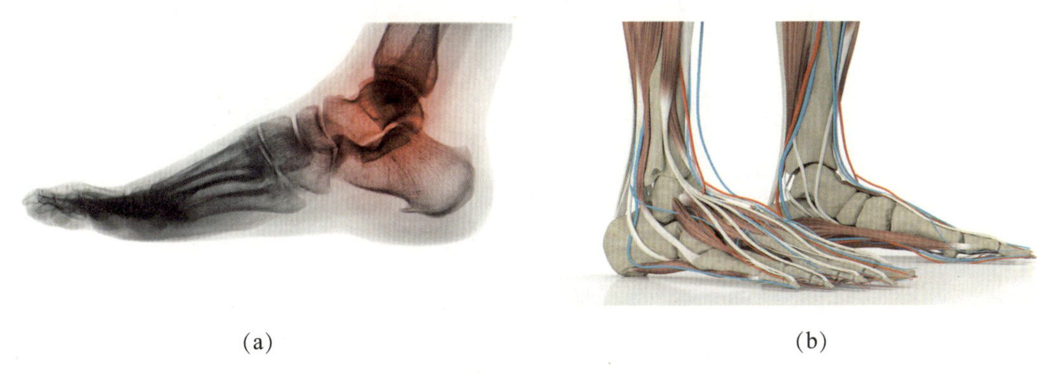

(a)　　(b)

图 4–34　踝关节外侧副韧带损伤图示

1. 损伤原因

由于构成踝关节的距骨体具有前宽后窄的特点，当足背伸（勾起脚尖）时，较宽的距骨体前部进入踝穴中，使踝关节较稳固；当足跖屈（绷直脚尖）时，较窄的距骨体后部进入踝穴，踝穴的空隙可以让踝关节进行一定的侧向运动和较大的内翻幅度。此外，足内侧的三角韧带力量强于足外侧韧带，加上胫前肌较第三腓骨肌强，导致内翻的力更大。这些解剖结构上的特点，使踝关节容易发生过度内翻，造成外侧副韧带受到过度牵拉而发生损伤。健身运动中，由于场地不平或跳起落地时身体失去平衡等原因，可能使踝关节发生过度内翻，造成外侧韧带的过度牵扯伤损，甚至部分断裂或完全断裂。

2. 症状与体征

踝关节在突然内翻受伤后，外侧会迅速出现疼痛和肿胀，并逐渐扩展到踝关节前部。若距腓前韧带发生撕裂，关节通常会出现普遍肿胀。此时局部压痛明显（若为单纯韧带损伤，压痛多在外踝下方；若伴有骨折，则压痛多在外踝或外踝尖部）。受伤者在行走时因疼痛会表现出跛行，且踝关节抽屉试验和踝关节强迫内翻试验均呈阳性（图 4–35、图 4–36）。

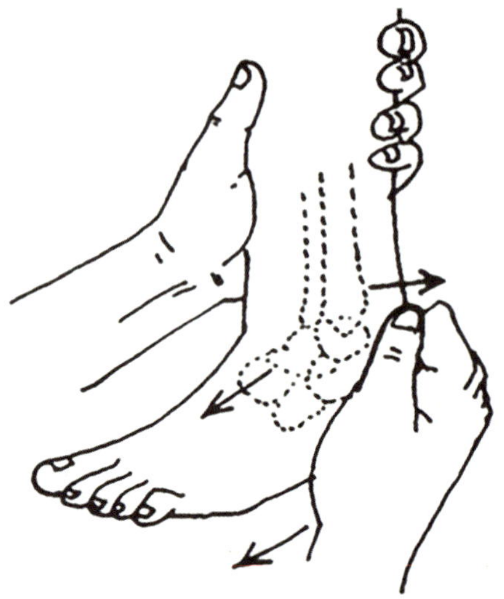

图 4–35　踝关节抽屉实验操作

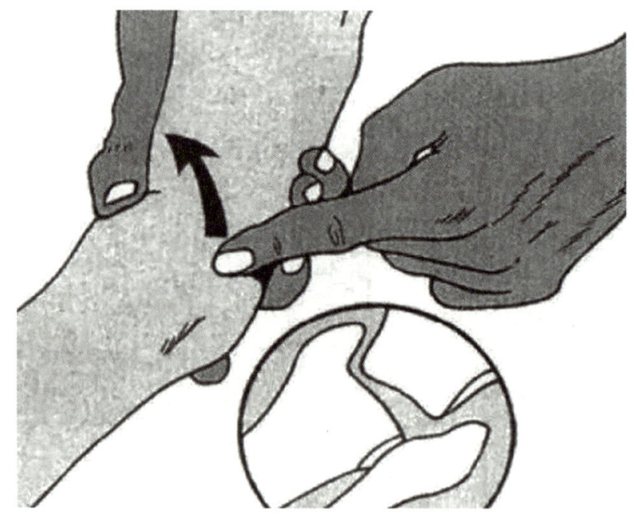

图 4–36　踝关节强迫内翻试验示意图

3. 处理与预防

在损伤发生后立即刻用大拇指压迫痛点 20 min，有助于减轻局部的肿胀程度。经过 3~4 周的局部固定后，应尽早进行踝关节活动度和灵活性练习，并加强周围肌肉力量，逐步进行踝关节本体感觉训练和动静态稳定性训练。对于较严重的韧带损伤或韧带完全断裂的情况，在急救处理后应及时送医进一步治疗。做好准备活动，加强踝关节周围肌肉力量练习，提高踝关节的稳定性和协调性，并使用保护支持带，均有助于预防外侧韧带损伤。

第三节　航空体育运动中“PRICE”的处理原则

舰载机飞行人员应建立正确的航空体育训练健康观念，注意自身身体健康。在航空体育训练中一旦发现身体某些部位出现不适或者受伤，应立即停止运动，避免不适和伤病加重，并尽快就医，不应勉强完成训练或依赖自我判断和听从非专业人员的建议自行处理，更不能讳疾忌医拖延不去医院，否则身体状态可能会恶化。

面对运动伤病时，首先保持自身处于安稳状态，争取时间避免伤病进一步加重，同时尽快就医，因为运动康复是非常复杂的过程。许多人因忽视伤病，错过了黄金治疗期或恢复期，导致不得不接受长期运动受限的结果。

在运动受伤的“黄金 48 h”内处理急性运动伤害极为重要，此阶段采用冰敷等方式可以大幅缩短恢复的时间。

经过实践检验，PRICE 原则是公认有效的急性运动伤害标准处理法，按照 PRICE 的顺序正确处理可以减轻疼痛，帮助消肿和愈合，并能有效避免运动损伤的加重。

PRICE 处理原则命名来自 5 个词的首字母：保护（Protection）、休息（Rest）、冰敷（Ice）、压迫（Compression）、抬高（Elevation），切记按顺序操作，不要混淆（图 4–37）。

图 4–37　PRICE 处理原则示意

PRICE 处理原则适用于关节扭伤或脱臼、骨折、撕裂等较为严重的运动急性伤病，也适用于肌肉拉伤、挫伤、炎症等相对较轻的一些运动损伤。剧烈运动后感觉身体疲惫、肌肉酸痛时，也同样可以采用 PRICE 处理原则帮助身体休息和恢复。

当发生运动伤害时，通常需要立即按照 PRICE 处理原则进行，尤其是之后的 48 h 内都应遵守这个原则。

以下是 PRICE 处理原则 5 个步骤的具体操作说明。

一、保护（Protection）

保护是 PRICE 处理原则的第一步，要求运动伤病发生时，立即停止活动，保护受伤部位并离开运动场所，避免受伤部位二次受伤或加重。必要时，可求助他人帮助，将自己转移到安全位置。对于急性运动损伤，很多人选择性忽视最初的受伤信号，这往往导致更严重的二次伤害。

切记不要触碰或拿手按压受伤的部位，很多人误以为“按摩治百病”，但实际上对运动急性损伤而言，按压反而会加重伤势。此外，也应尽量避免使用受伤部位，比如，如果是膝关节受伤，就减少上下楼梯的次数，以及减少或取消计划里的深蹲训练。

二、休息（Rest）

休息不光指受伤后立即停止活动，也指在整个恢复期内不进行任何激烈的活动。在恢复期内，再微小的运动伤害如果不进行休息和治疗，都有可能引发更严重的恶化。休息作为一种被动的恢复方式，能够给受伤部位充足的时间修复，只有在受伤部位基本没有疼痛后，才能开始主动的恢复。

三、冰敷（Ice）

冰敷有助于通过血管收缩来消肿和减少痛感，受伤部位冰敷后的冷热交替过程有助于血液循环，能带来更多康复需要的营养，从而加快恢复。通常情况下，冰敷能通过以下几种方式帮助伤病的康复：

①收缩血管，达到止血效果；

②消肿止痛；

③缓解肌肉痉挛；

④降低细胞代谢速率，从而降低细胞坏死的风险。

冰敷适用于韧带扭伤、肌肉拉伤或挫伤、体温过高、身体疼痛、关节发炎等情况。但是当损伤的部位起水疱或破损，形成开放性伤口时，不使用冷敷，以免进一步刺激伤口或延缓愈合（图 4–38、图 4–39）。

图 4–38　冰袋

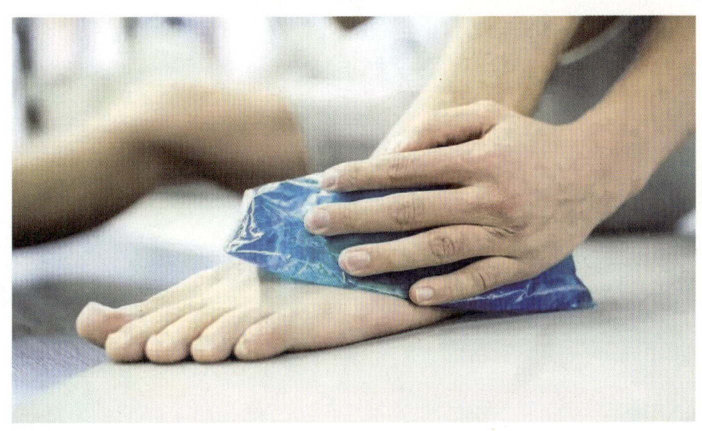

图 4–39　用冰袋冰敷患处

需要注意的是，切勿将冰块直接与皮肤表面接触（除非是非静止冰敷，比如使用冰按摩），这会损伤皮肤或导致冻伤。使用非专业医学冰袋时，最好在皮肤和冰块之间铺一层毛巾。

单次冰敷时间不宜超过 20 min，建议每敷 15 min 后拿开冰袋，待皮肤充分回暖后再进行下一次冰敷。如果是对膝盖、手肘、脚踝、手腕等关节部位进行冰敷，可以每隔 5 min 拿开冰袋，稍微活动一下关节再继续冰敷。

四、压迫（Compression）

压迫可以与冰敷同时进行（即在冰敷的同时压迫受伤部位），但压迫比保护、休息、冰敷的操作难度更大一些。压迫的主要作用是帮助控制和减少肿胀，通过对四肢施压增大组织压力进而减少内出血。另外，压迫也有减缓伤口发炎和减少组织液渗出的作用。最简单的压迫方法是使用弹性绷带进行包扎压迫，将卷桶状的弹性绷带缠绕在受伤部位。近年来，运动服装中常见的压缩衣和压缩裤，宣传提高恢复速度的作用，本质上也可以视为一种压迫。判断压迫是否过紧要需在静止状态时感受被压迫部位的血管是否有跳动感，有则意味着需要解开绷带并重新包扎（图 4–40）。

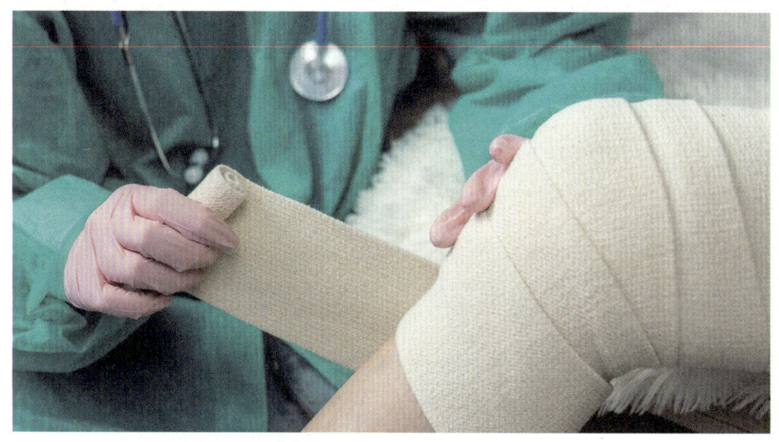

图 4–40　弹性绷带压迫包扎

五、抬高（Elevation）

抬高是指借助重力作用，将受伤部位抬高，从而帮助积聚在受伤部位的组织液和发炎的体液回流，达到减轻肿胀和疼痛的目的。最有效的抬高方式是将受伤部位抬高至高于心脏的位置，上肢可以借助垫子或者吊腕带，下肢受伤部位则应尽量高于臀部。例如，坐姿时抬高腿，躺姿时可以在腿下垫一个枕头。运动伤害发生后，48 h 内都应将受伤部位尽可能长时间的抬高（图 4–41）。

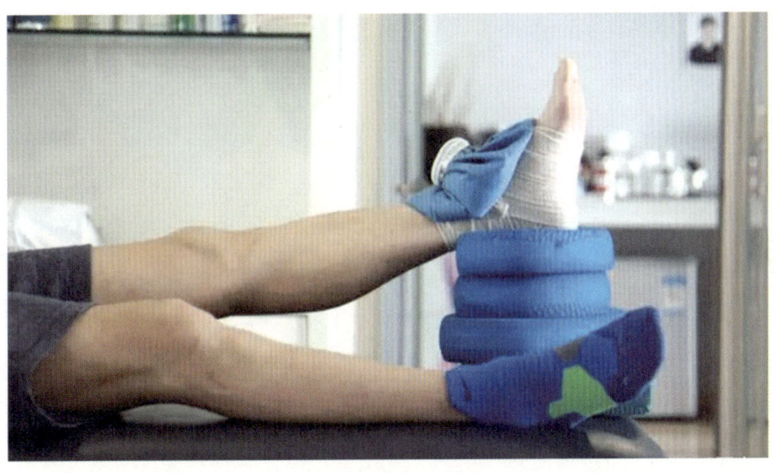

图 4–41　扭伤后抬高患处

需要注意的是，PRICE 处理原则只是运动损伤发生后的一种应急处理原则，在 48 h 内越早处理效果越好。如果在 48 h 后依然有明显的疼痛和肿胀，则须尽快就医。

此外，PRICE 处理原则主要针对肌肉拉伤和挫伤、关节扭伤、炎症等症状，如受伤部位有开放型伤口，则需清洁包扎后再依照 PRICE 处理原则（图 4–42）进行。

图 4–42　PRICE 处理原则

第五章 航空体育中的运动营养知识

舰载机飞行人员在执行任务时，易受到航空、航海、起降等作业环境的影响，舰载机因其任务的特殊性，座舱较为狭小，且拥有飞行速度高、起降冲击力强、盘旋半径小等一系列特点，对人体代谢会产生显著的影响。

甚至不夸张地说，这项职业堪称“极端”，飞行人员的饮食营养和卫生要比常人严格，稍有疏忽就可能产生严重后果。本章主要探讨以下几个问题：航空体育训练中的运动营养概述、航空体育训练中的营养常识、航空体育训练中的能量与能量平衡、舰载机飞行人员的体重控制。

第一节　航空体育训练中的运动营养概述

一、舰载飞行环境对于人体营养摄入的影响

首先，高空环境会对飞行员的消化功能产生影响。人在气压舱中上升到高空时，唾液腺的分泌会受到抑制，分泌量减少，这种情况通常会持续 3~5 天。此外，飞行中的震动、噪声和颠簸等因素对消化系统也有一定影响，60 dB 的噪声会抑制胃的正常蠕动，而 80dB 的噪声会使胃肠蠕动收缩力减弱，胃液分泌减少、胃酸功能下降，从而导致食欲减退、嗳气、胃部灼热感、产生阵发性上腹部疼痛等症状。

扫码查看动画

在持续爬高过程中，由于外界大气压强下降，留存在胃肠道内的气体会膨胀，导致横膈膜上抬，影响呼吸运动。同时，这种变化也会导致静脉血回流和淋巴循环障碍，轻则引起腹胀和疼痛，并伴随脉搏加快或减缓，重则可能会引起剧烈腹痛、面色苍白、脉搏徐缓、呼吸变浅、血压下降等一系列晕厥前期症状，这对飞行人员而言十分危险，必须立刻降低飞行高度。此外，在飞行中人的味觉也会发生变化，对酸甜味的饮料更容易接受，而巧克力的味道会变得苦涩。

扫码查看动画

飞行对人体代谢能力也有影响：在中等程度缺氧条件下进行体力活动，氧的消耗量可增加 10%~40%；这是由于呼吸和循环等代偿反应的额外消耗所致。而加速度可引起骨骼肌反射性肌肉牵张和心血管代偿反应，也会使代谢能力增加。在舰载飞行起降过程中，受到载荷与震动等因素影响，氧耗量几乎是日常的 2 倍。

那么，飞行任务对人体有了如此多的影响，特别是在不执行飞行任务时，还需要通过航空体育运动保持优秀体能，应该吃什么？吃多少呢？

因为航母的舰载机飞行人员随时都有可能执行任务，所以饮食基本上比较清淡、营养、容易消化。吃下去的食物在肠胃停留时间较短，肉类可以吃，但要适量。

因为肉类蛋白质和脂肪含量高，特别是牛排、炸鸡腿这类食物，由于缺乏膳食纤维，会长时间停留在肠胃里，难以消化和排泄。

进行紧急任务时，需要飞行人员在高空做各种高难度动作，此时非常容易引起呕吐，使飞行人员无法高度集中，从而影响操作。

飞行人员采用七餐制安排更为合理，将每日餐食分为四顿正餐和三顿简餐，具体时间如下：

①早餐：6~7 点左右；

②上午简餐：9 点左右；

③午餐：11~12 点左右；

④下午简餐：15 点左右；

⑤晚餐：18~19 点左右；

⑥夜宵：0 点左右；

⑦凌晨简餐：3 点左右。

七餐制中的四顿主餐和三顿辅餐可以合理满足舰载机飞行人员的饮食需求。因为飞行人员的训练频繁，而且高空飞行任务多，因此采用多餐少食的饮食模式更适合。

健康的营养配比对保证作战、飞行和训练任务的顺利完成具有重要意义。从另一方面看，如果在休息日或非训练日长期摄入高能量和高脂肪的食物，可能会导致能量过剩，进而引发营养失衡。

进食量和运动量是影响体重的两个主要因素：食物为人体提供能量，而运动消耗能量。如果进食量过多而活动量不足，多余的能量就会在体内以脂肪的形式积存，导致体重增加，进而引发肥胖、高血压、高血脂、糖尿病等疾病。相反，若进食量不足，劳动或运动量过大，则可能因能量不足导致消瘦，从而影响飞行能力。因此，保持能量摄入与能量消耗之间的平衡极为重要。

在面对各种各样的食物时，尤其在可以随心挑选食物的情况下，需仔细考虑什么样的食物更有利于健康。

当选择食物时，飞行人员应考虑当天的工作安排：是飞行、训练，还是休息。饮食应与工作性质相匹配，判断的标准在于是否保持了理想的体重和充沛的精力。

第二节 航空体育训练中的营养常识

对于飞行人员而言，高质量的食物来源和良好的膳食平衡有助于提高注意力的集中与分配，激发能量，并更好地进行情绪管控，使得操纵飞机时更加自如。从长远来看，保持良好的身体状态有助于降低身体代谢类疾病的风险，如心血管疾病、糖尿病、骨质疏松和肌肉减少等不良反应（图 5-1）。

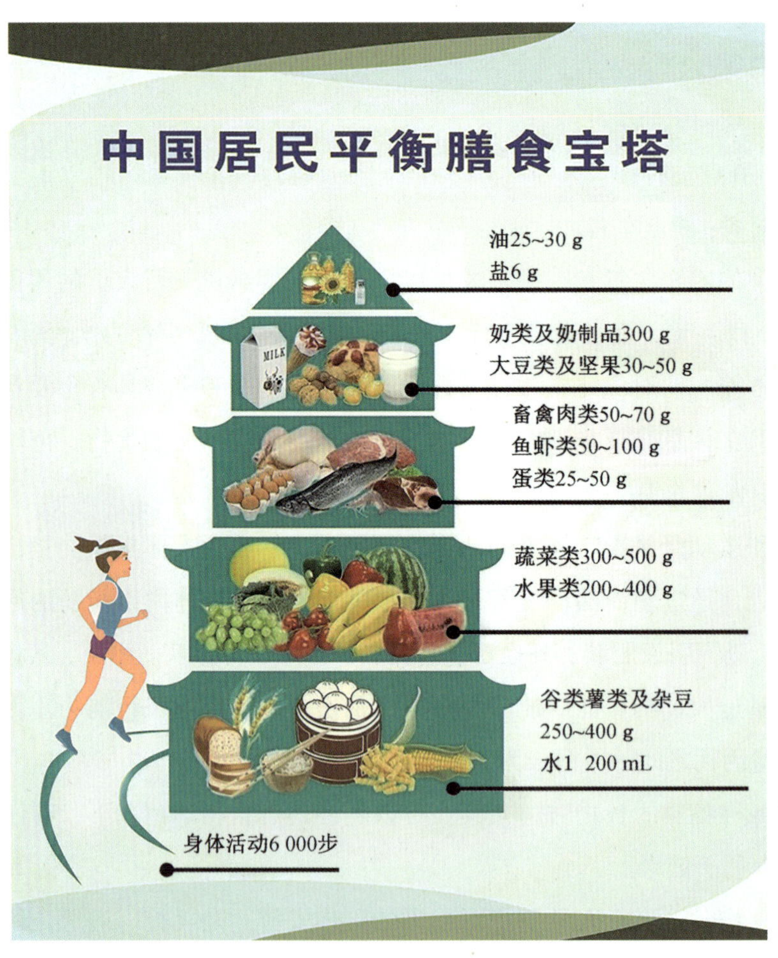

图 5-1 中国居民平衡膳食宝塔

因此，建立一个科学正确的饮食观至关重要。除了补充水分，人体延续生命的基础是食物，食物中的有效成分叫作营养素，是维持人体正常代谢的物质基础。

人体所需的营养素繁多，但可以归纳为六大类：蛋白质、脂肪、碳水化合物（糖类）、矿物质、多种维生素和膳食纤维。其中，与航空体育运动最为密切相关的常量营养素是蛋白质、脂肪和碳水化合物。

一、蛋白质与运动

1. 蛋白质在运动供能中的作用

蛋白质与人体运动能力密切相关，机体内影响运动能力的许多因素，例如，肌肉收缩、氧的运输与贮存、物质代谢与生理机能的调节等。此外，蛋白质中的氨基酸也参与运动时的能量供应，氨基酸氧化可提供运动时约 5%~15% 的能量。当机体内肌糖原的贮备充足时，蛋白质供能仅占总热能需求的 5% 左右；但当肌糖原耗竭时，蛋白质供能比例可上升至 10%~15%。在大多数情况下，蛋白质提供约 6%~7% 的能量（图 5–2）。

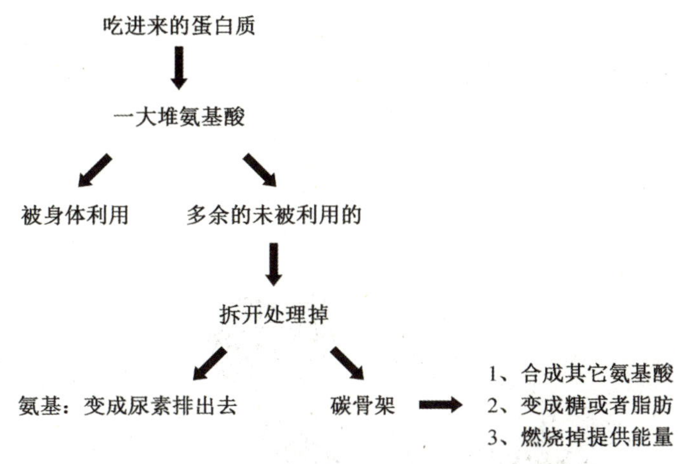

图 5–2　蛋白质进入人体后的转化流程

2. 运动对蛋白质代谢的影响

运动会增加体内蛋白质的分解代谢，因此，机体对蛋白质的需要量也会随之增加。不同性质的运动对蛋白质代谢的影响有所不同。

（1）有氧耐力练习

有氧耐力练习可增加骨骼肌线粒体的数量，同时提高线粒体内蛋白质的质量和组成酶的活性。

（2）抗阻力量练习

力量训练能增加肌内的体积，使肌纤维增粗，力量增强。这种适应性变化出现在快肌纤维中，肌肉增大的原因主要是由于肌蛋白数量的增多。研究表明，高蛋白饮食有助于肌肉组织的增长。例如，在进行有氧和力量训练的 40 天中，高蛋白饮食（2.8 g/kg 体重）与等热量中等蛋白饮食（1.39g/kg 体重）相比，高蛋白饮食者的机体蛋白质增加更明显。

3. 摄入蛋白质和氨基酸的注意事项

许多人认为增加蛋白质营养能促进肌肉组织的生长，但事实证明，只有在进行渐进性力量训练的基础上，适量的蛋白质营养才能使肌肉增长。同时，过量补充蛋白质和氨基酸可能会引起一系列的副作用：因为蛋白质的代谢产物呈酸性，会使肝和肾的负担增加，可能导致肝和肾的肥大并容易疲劳；过量补充蛋白质可导致机体脱水，同时增加脱钙的风险，可能引发痛风及骨质疏松；高蛋白可能影响水和无机盐的代谢，有可能增加泌尿系统结石和便秘的风险；高蛋白食物常伴随高脂肪和高胆固醇的摄入，会增加动脉粥样硬化和高脂血症的风险（图 5–3）。

因此，在增加蛋白质和氨基酸摄入时，需注意合理控制量，以避免上述健康问题的发生。

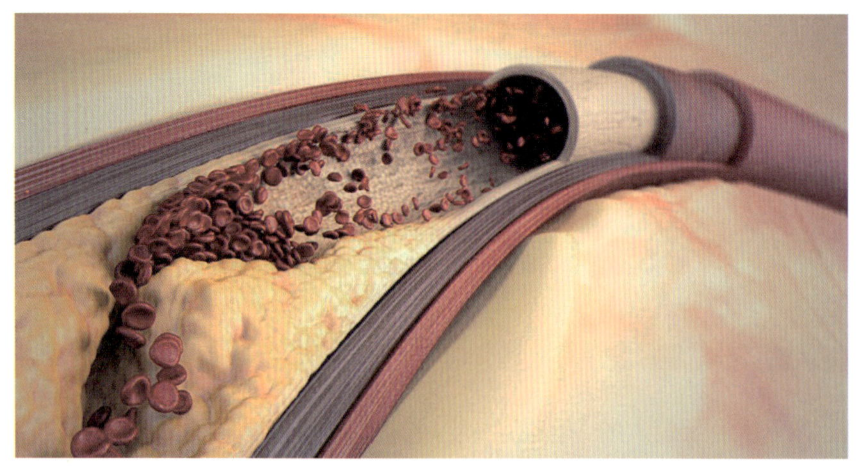

图 5–3　动脉粥样化

二、脂肪与运动

1. 脂肪在运动供能中的作用

脂肪是膳食中最为浓缩的能量来源，每 1 g 脂肪可以产生 37.7 kJ 的热量，是食物中单位重量产能最多的营养素。人体在休息状态下，约 60% 的能量来源于体内脂肪。一般来说，运动强度越低，持续时间越长，脂肪氧化供能占人体总能量代谢的百分比也越高。

脂肪氧化供能具有产热量高和耗氧量高的特点。糖原以水合状态储存在细胞内，而脂肪则以无水形式储存，这使得脂肪的单位储能体积更小。此外，1 g 脂肪完全氧化可产生的 ATP 是糖的 2.5 倍。然而，脂肪的氧化耗氧量较高，与糖相比，产生相等能量时，脂肪的耗氧量要比糖高出约 11%。脂肪完全氧化依赖充足的氧气，在氧气不充足时会因氧化不全而产生酮体。酮体会导致体内酸性增加，对机体和运动能力产生不良影响。

2. 运动对脂肪代谢的影响

系统的运动训练会使骨骼肌线粒体的数量和体积增加、增加肌肉毛细血管密度，以及线粒体酶及脂蛋白脂肪酶的活性增强，因此运动水平高的人氧化利用脂肪酸的能力强。脂肪代谢能力加强后，可节约糖原的消耗，从而增强耐久力。进行有氧运动可使体内高密度脂蛋白胆固醇增高，同时降低甘油三酯和低密度脂蛋白胆固醇，帮助预防动脉粥样硬化和冠心病。此外，有氧运动还可以使脂肪组织中的脂肪游离出来供能，通过运动造成的机体热能负平衡促进机体内脂肪的消耗，帮助减少体内脂肪和控制体重。

扫码查看动画

3. 摄入脂肪的注意事项

过量的脂肪代谢产物会降低耐久力并引起疲劳。此外，摄入过多脂肪还可能降低蛋白质和铁等其他营养素的吸收率，并带入外源性的食物胆固醇，从而增加高血脂的风险（图 5-4）。

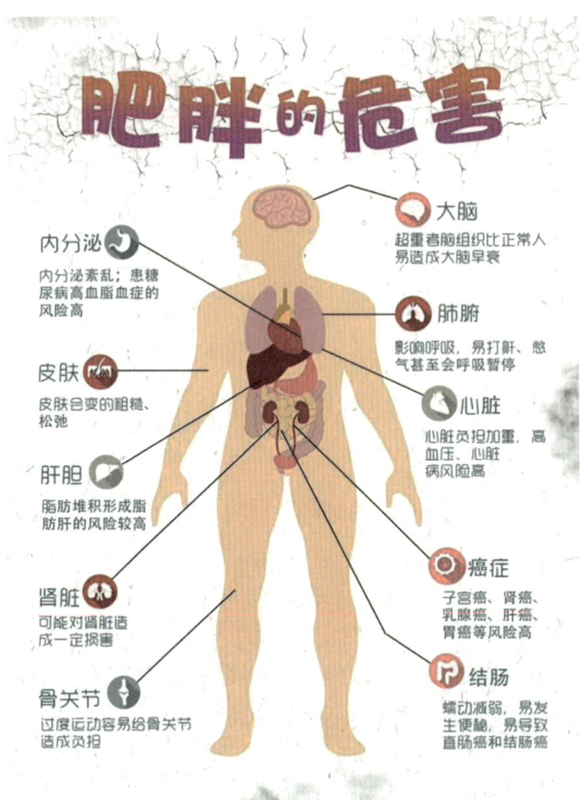

图 5–4 摄入脂肪过多导致肥胖的危害

三、碳水化合物与运动

1. 碳水化合物在运动供能中的作用

飞行人员在体能训练中需确保膳食中有充足的碳水化合物，以维持血糖水平，提供运动所需的糖氧化能量，并快速恢复运动后肝糖原和肌糖原水平。体内糖原水平与耐久力密切相关。研究表明，人体肌糖原水平受膳食中糖类含量的影响，也与疲劳的程度密切相关。在进行超过 1 h 的运动时（如长跑或长距离游泳），体内糖储备耗竭会影响身体运动能力，特别是耐久力。

2. 运动对碳水化合物代谢的影响

运动前适量补糖可增加机体内肝脏和肌肉的糖原储备量，有助于维持运动时血糖水平的稳定；运动中适量补糖可提高血糖水平，提高糖氧化速率，减少蛋白质和脂肪酸的消耗比例，延长运动耐力，同时延缓疲劳的产生；运动后补糖可促进肝脏和肌肉内糖原储备恢复，缓解疲劳并加快体力恢复。

需要补糖的运动项目有 1 h 以上的持续性耐力运动和长时间（40~120 min）的高强度间歇性运动训练项目，如自行车和足球等。一般短时间（小于 40 min）或强度较小的运动无需补糖，因为短体内的糖储备足以提供大部分能量。

（1）运动前补糖

可在高强度运动前，提前几天增加膳食中糖类的摄入量，使糖类约占总能量的 60%~70%（或 10 g/kg）。在赛前 1~4 h，也可补充 1~5 g/kg 体重的糖分（赛前 1 h 补糖选用液态糖），运动前补糖有利于增加体内糖原储备，提高糖的利用度和氧化率。因此，在不影响胃肠道功能情况下，应尽量多的补充糖。

（2）运动中补糖

在运动中，可每隔 30~60 min 补充含糖饮料或易吸收的含糖食物，补糖量一般不超过 60 g/h 或 1g/min。推荐少量多次饮用含糖饮料，或食用易消化的含糖食物（如面包和蛋糕等）。

（3）运动后补糖

运动结束后应尽快补糖，以恢复因运动消耗的内源性糖原。理想情况下，应在运动后即刻补充 50 g 糖，并在 2 h 后再补充 50 g，随后每隔 1~2 h 补充一次。运动后 6 h 内，肌肉中糖原合成酶含量高，可使存入肌肉的糖达到最大量，此时补糖效果最佳。补糖量应为 0.75~1 g/kg 体重，24 h 内的补糖总量可达到 9~16 g/kg 体重。

3. 摄入碳水化合物的注意事项

由于葡萄糖液具有高渗性，单纯摄入葡萄糖液会对胃的排空产生一定的抑制作用。采用麦芽糊精和果糖的混合食品替代葡萄糖，可有效避免这一问题，从而提高胃的排空速率。小肠对葡萄糖的吸收最快，最有利于合成肌糖原。果糖主要在肝脏中合成糖原，其合成的肝糖原量约为葡萄糖的 3.7 倍，同时果糖对胰岛素分泌的刺激较小，因此不会抑制脂肪酸代谢，但使用量大时，可能引起胃肠道紊乱。果糖的使用量不宜超过 35g/L，并应与葡萄糖混合使用。低聚糖甜度低，渗透压也低，吸收速度比单糖和双糖慢，适合作为补糖成分能为人体提供较为持久的能量来源。

四、矿物质与运动

除了蛋白质、脂肪、碳水化合物三大常量营养素，微量营养素也对飞行人员在运动中的表现至关重要。

矿物质、维生素、膳食纤维是其中的重要组成部分，常见的矿物质有钙、铁、锌。

1. 钙与运动

（1）钙在运动中的作用

钙在维持神经和肌肉细胞的兴奋性、骨骼肌的收缩、信号传递等方面具有关键作用。钙的营养平衡对保持运动能力至关重要，因为钙缺乏会引起肌肉抽搐，长期钙摄入不足可导致骨密度下降，骨质疏松和应激性骨折（图 5–5）。

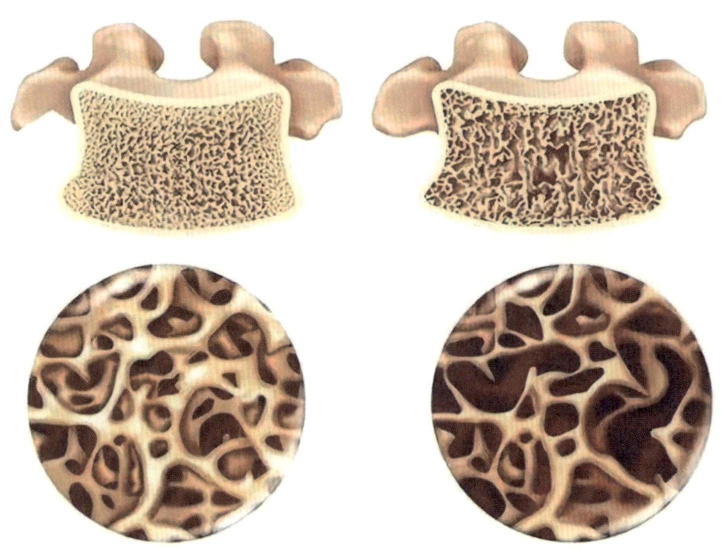

图 5–5　正常骨骼和骨质疏松的对比

（2）运动对钙代谢的影响

许多飞行人员在营养调查中显示钙缺乏或不足，其原因主要包括以下两点：一是钙摄入量不足，每天只摄入 800 mg。特别是需要控制体重的飞行人员中，有三分之一存在钙摄入量不足问题。此外，很多人在食物选择上不正确，在钙供给量充足的情况下发生摄入量不足的原因主要是过于高估钙的摄入量，如摄入 1 200 mg 钙相当于饮用 1 000 ml 的液体牛奶；二是钙流失量大。运动会加速钙的流失，飞行人员在运动训练中从汗液中丢失大量的钙，汗液中钙的浓度约为 2.55 mmol/L。

（3）摄入钙的注意事项

奶和奶制品是优质的钙来源，含钙丰富且容易吸收。对于乳糖不耐受者，可以选择酸奶或分次少量饮用的方法。此外，海产品、豆制品、芝麻也是获取钙重要食物来源（图5-6、图5-7）。

图 5-6　奶及奶制品

图 5-7　海带

2. 铁与运动

（1）铁在运动中的作用

身体中铁储备低会增加贫血风险，并影响运动表现。研究表明，人体的铁营养状态不仅与运动能力有关，而且与认知能力有关。补充铁剂对改善铁营养状况和提高运动能力都有非常显著的效果。但是，铁属于活跃金属，在体内可能引起自由基反应。如果过量补充铁，有可能造成铁的毒性反应，反而对运动能力产生不良影响。

（2）运动对铁代谢的影响

铁缺乏一直是一个备受关注的问题，因为它会影响全身健康和运动能力。运动训练会加速铁的需要量和丢失量。研究表明，运动可加快铁在机体的代谢，长期运动训练会使组织内储存铁的含量明显下降。运动后增大的肌肉和肌肉中含铁酶含量的增加，都表明运动使铁的需要量增加。如果按人体的出汗量为 4 000 mL 推算，从汗液中丢失的铁可达 1.45~3.70 mg。人体在运动期间铁的吸收率为 8.77±2.90%，显著低于停训期的 11.90±4.47%。

（3）摄入铁的注意事项

如果出现贫血症状，需要及时进行补铁治疗。由于大剂量的补铁可能引起中毒，补铁应在严格的医务监督下进行。预防性补铁应采用小剂量的方式补充，每日 0.1~0.3g，补铁过程不可超过 3 个月。动物铁的主要成分是血红铁素，比来源于蔬菜的铁更易吸收。肉类膳食（如禽类和鱼）与蔬菜混合食用可增加蔬菜铁的吸收，与含维生素 C 的食物（如橙汁）同时食用可增加动物铁的吸收（图 5–8）。

图 5–8　摄入铁的注意事项

3. 锌与运动

（1）锌在运动中的作用

充足的锌营养对肌肉的正常代谢十分重要，锌缺乏会引起肌肉生长缓慢和体重减轻，补锌可加强肌肉代谢和肌肉力量。

（2）运动对锌代谢的影响

长期进行高强度的运动训练可能导致人体血清锌含量处于较低水平。血清锌低下的原因包括锌代谢加速、锌排出增多、吸收率下降等因素。因此，运动人群需要增加锌的摄入。

（3）摄入锌的注意事项

一般情况下，人体通过食用富含锌的食物就可以满足其锌需要量。锌的主要食物来源是动物性食品，如肉类、蛋类和海产品，蔬菜和水果则含量较低。如果膳食供给不足，可以考虑使用膳食补充剂（图 5–9）。

图 5–9　肉、蛋等含锌量高的食物

五、维生素与运动

1. 维生素在运动中的作用

（1）水溶性维生素

水溶性维生素一般指可溶于水而不溶于非极性有机溶剂的维生素，主要包括维生素 B 族和维生素 C。当这类维生素在血液指标中显示轻度和中度的缺乏时，人体表现为有氧运动能力降低 16%，无氧运动能力降低 24%。特别是维生素 B 族，短期补充可能无法显著改善运动表现。

（2）脂溶性维生素

维生素 E 的补充在高原训练中有助于提高运动表现。补充维生素 E 后，在海拔

1 667 m 处的最大吸氧量增加 9%；在 5 000 m 高度则增加 14%。在一般运动训练情况下，不建议补充维生素 E，尤其进行大剂量补充，因为大量补充维生素 E 能会抑制蛋白质分解，某些蛋白质分解是刺激肌肉运动后蛋白质合成所需要的。

2. 运动对维生素代谢的影响

飞行人员的维生素需求量要高于静态生活的人群，原因如下：

①运动训练使胃肠道对维生素的吸收能力下降；

②汗液、尿液及粪便中维生素的排出量增加；

③体内维生素的周转率加速；

④高强度运动训练的初期适应或急性运动训练期间，能量代谢突然增加。

飞行人员是补充维生素的重点人群。额外补充维生素的目的在于增强运动表现能力、延缓疲劳发生和加速能量恢复。然而，由于缺乏营养知识和存在错误观念，有些飞行人员会大剂量补充维生素，补充剂量超过推荐量的 10 倍甚至上千倍，这不仅会增加不必要的开支，也会危害自身身体健康。

3. 摄入维生素的注意事项

过量补充某一种维生素会导致体内维生素不平衡。脂溶性维生素 A 和 D 的过量摄入会在体内蓄积，从而引起中毒，过量补充水溶性维生素，也会引起严重的副作用。例如，摄入过量的维生素 C，会引起胃肠道不适、维生素 B12 缺乏、尿液酸化及酸结晶形成、肾脏及膀胱损害等毒性作用。

六、膳食纤维与运动

1. 膳食纤维在运动中的意义

膳食纤维是指植物性食物中不能被人体消化道分泌的消化酶分解、也无法被人体吸收利用的多糖和木质素等成分，包括纤维素、半纤维素、果胶、树胶、海藻多糖、木质素、抗性淀粉等。膳食纤维的主要来源是植物性食物，如水果、蔬菜、豆类、坚果和各种谷类，尤其是谷物，如全谷粒和麦麸，精加工的谷类膳食纤维含量较低。在需要控制体重或减肥的运动项目中，膳食纤维起着不可或缺的作用（图 5-10）。

图 5-14　膳食纤维含量高的食物

2. 运动对膳食纤维代谢的影响

膳食纤维进入消化道内，会在胃中吸水膨胀，从而延长胃的排空时间，能够增强饱腹感，有利于大体重者减少进食量。同时会阻碍对碳水化合物、脂肪、蛋白质等营养素的消化及吸收，且可以刺激肠壁蠕动，促进排便（图 5-11）。

3. 膳食纤维摄入注意事项

膳食纤维摄入不宜过量摄入（超过 60 g / 天），否则可能增加液体需求，并且会干扰矿物质的吸收及引起肠胀气和腹泻等不适。

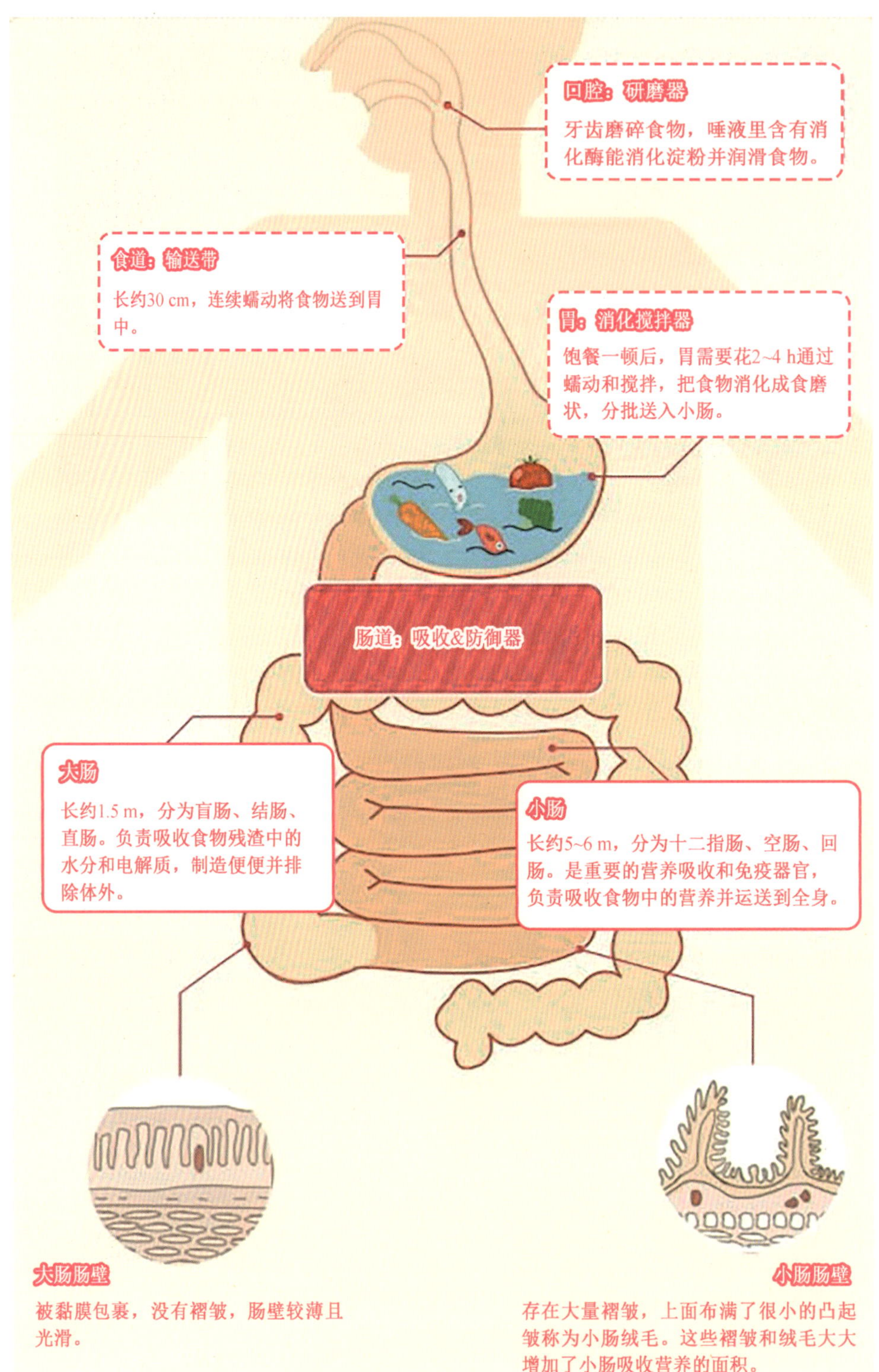

图 5-11　人体消化吸收的过程

第三节　航空体育中的能量与能量平衡

蛋白质、脂肪、碳水化合物都被称为能量物质，在航空体育训练、日常生活和工作中为身体提供所需能量，接下来将详细介绍什么是能量和能量平衡。

一、能量

能量是人体生存和支持各项活动的基础。身体的各种生命活动，如细胞的生长繁殖、组织更新、营养物质的运输、代谢废物的排泄、心脏跳动和神经传导等，都需要能量。人体所需的能量主要来源于食物，食物在体内经酶的作用会进行生物氧化，从而释放能量。

1. 能量单位

营养学中，能量单位用千卡（kcal）表示，1 kcal 相当于在 1 个大气压下，将 1 kg 水的温度从 15℃ 升高到 16℃ 所需要的能量。在物理学中，能量和功的国际计量单位是焦耳（J）。两者之间的换算关系为：1 kcal=4.184 kJ。目前，这两种能量单位均在使用。

2. 能量物质

营养素中的碳水化合物、脂肪和蛋白质，在体内氧化分解产热，是人体能量来源，故称为能量物质。它们在体内的氧化过程与体外燃烧有类似之处，但由于在体内的最终产物不同，所以释放的能量与体外也有所差异。碳水化合物和脂肪在体内与体外的最终产物均为二氧化碳和水，而蛋白质在体内无法完全氧化成二氧化碳和水，剩余的含氮有机物（如尿素）会通过排泄排出体外，这部分物质也会产生热量，所以蛋白质在体内的产热量比体外低。此外，这三种能源物质的消化率不同，也影响它

扫码查看动画

们在体内的产热量。碳水化合物、脂肪、蛋白质在体内氧化的生理有效热量分别为 4 kcal/g，9 kcal/g 和 4 kcal/g。

二、能量平衡

能量平衡是指机体消耗和摄入的能量趋于相等。能量平衡是营养学中一个最基本的概念，也是评价营养状况的重要指标。当能量的摄入量与消耗量相当时，人体的体重能够保持稳定；若能量摄入量大于消耗量，体重和体脂就会增加；反之，若能量摄入量小于消耗，则体重会减轻（图 5-12）。

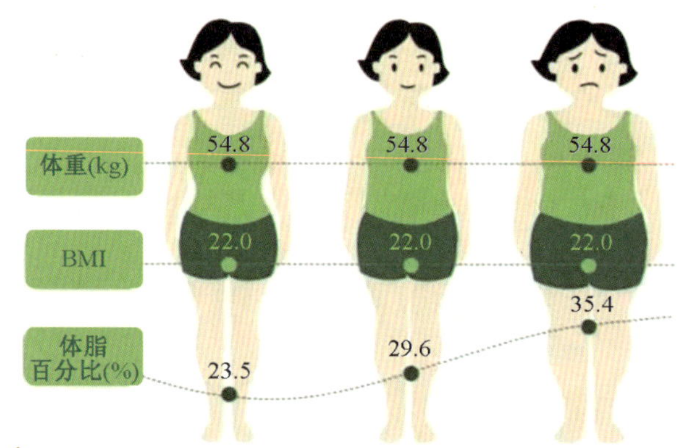

图 5-12　体脂百分比对体形的影响

1. 能量摄入

人体的能量来源于食物中的碳水化合物、脂肪和蛋白质。这三种产热营养素在人体的代谢过程中不仅各具特殊的生理功能，还相互影响。碳水化合物与脂肪之间可互相转化，并对蛋白质的消耗起替代作用。在选择食物时，应考虑到各营养素之间的平衡，根据中国人的膳食习惯，成年人每日总量的 60%~70% 来自碳水化合物，10%~15% 来自蛋白质，20%~25% 来自脂肪。人体能量的需求量因身体活动强度、年龄、性别、生理特点等因素影响而有所不同，通常情况下，成年人的能量摄入量和消耗量保持平衡，就能维持正常的生理活动和身体健康。

2. 能量消耗

人体的能量消耗主要包括以下几个方面：基础代谢、运动生热效应、食物生热效应和机体生长发育。成年人的能量消耗主要用于维持基础代谢、运动生热效应和食物生热效应，此外，增肌和创伤恢复需要增加额外的能量。

（1）基础代谢

基础代谢量指维持人体基本生命活动所需的热量，即在无任何体力和紧张思维活动、在全身肌肉松弛和消化处于静止的状态下，用以维持体温和人体必要的生理活动（呼吸、循环、排泄、腺体分泌、神经活动等）所需的能量。基础代谢的测定通常在清晨时空腹且静卧的清醒状态下进行，且室温应保持在20~25℃。研究表明，人体基础代谢的高低虽与体重有关，但并不成比例关系，而是与体表面积成正比。因此，单位时间内人体每平方米体表面积所消耗的基础代谢能被称为基础代谢率（basal metabolism rate，BMR）。

安静代谢率（resting metabolism rate，RMR）可用于测定维持人体正常功能和体内稳态所需的能量，另外还包括交感神经系统活动所需消耗的能量。安静代谢率稍高于基础代谢率，但两者差别很小，目前在实际生活中采用安静代谢率更为普遍。测量安静代谢率时，要求受试者仰卧或静坐于安静且舒适的环境中，全身处于休息状态，并且距离上次就餐或剧烈活动至少数小时。这种状态下的代谢率比较接近人的休息状态（图5–13）。

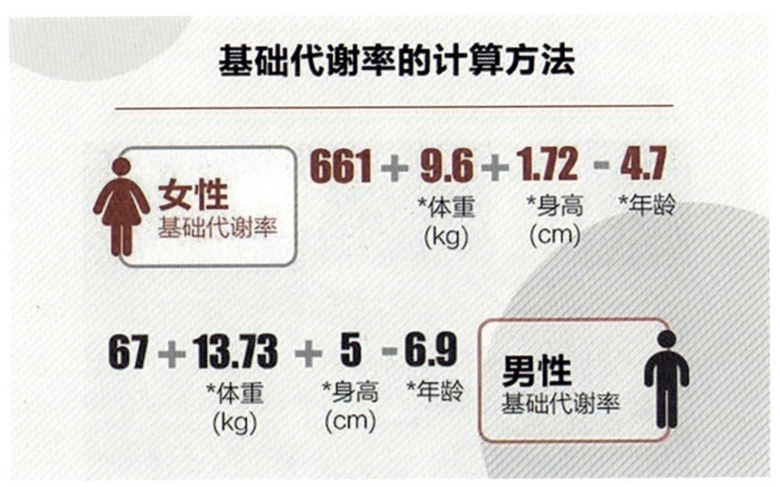

图5–13　男女基础代谢率的计算方法

（2）运动生热效应

运动的生热效应指进行体力活动所需要的能量消耗。除了基础代谢外，体力活动是人体能量消耗的主要因素。飞行人员操控飞机和参与航空体育运动时，都是通过肌肉活动来完成任务的。机体能量消耗的增加与肌肉活动的强度呈正比关系。生理情况相近的人，基础代谢消耗的能量通常相似，但由于体力活动情况的不同，整体代谢水平会有明显差异。在人体的总能量代谢消耗中，肌肉活动或体力活动占较大的比例，因此，进行航空体育运动的人员所消耗的能量明显高于不参加者。

活动的强度和持续时间是影响运动生热效应的主要因素。其他影响体力活动能量消耗的因素包括：

①肌肉发达者，活动时能量消耗较多；

②体重较重者，活动时能量消耗较多；

③活动强度越大、持续时间越长，活动能量消耗越多；

④活动的熟练程度也影响能量消耗，越不熟练的活动，消耗能量越多。

（3）食物的生热效应

食物的生热效应是指进餐后数小时内发生的超过安静代谢率的能量消耗，是人体因摄入食物而引起的一种额外的能量消耗，也是食物消化、转运、代谢和储存过程中能量消耗的结果。不同食物的生热效应各有差异，碳水化合物食物的生热效应相当于自身所产生热能的 5%~6%，脂肪食物的生热效应为 4%~5%，蛋白质食物的生热效应为 30%。食物的生热效应与膳食结构有关，通常情况下混合膳食的生热效应约为 10%，高糖膳食约为 8%，高蛋白膳食约为 15%。食物的生热效应会在进食后的 2 h 左右达到高峰，在 3~4 h 后恢复正常（图 5–14）。

图 5–14　含碳水化合物的食物

（4）其他因素

当人体处于精神紧张和应激状态时，能量的消耗会增加。在较高应激状态下，基础代谢可提高 25%。寒冷环境下，能量消耗增加 2%~5%；在 30~40℃ 的高温条件下，能量消耗也会增加，每升高 1℃，能量消耗约增加 0.5%。但长期适应热带气候的人群，其基础代谢比寒带人低。此外，机体在发热时代谢也会升高，当体温高至 39℃ 时，基础代谢可增加 28%。

第四节　舰载机飞行人员的体重控制

作为纵横于海天之间的飞行员，需要拥有精干的体形、强健的体魄、过硬的体能来应对完成任务的各种压力。其中，判断体形是否健康的重要指标之一就是体重。

体重是指人体横向生长、围度、宽度、厚度及重量的整体表现，是衡量身体健康的一个综合指标（图 5–15）。

性别	年龄段	偏瘦	正常	超重	肥胖
女性	18~39岁	5%~20%	21%~34%	35%~39%	40%~45%
	40~59岁	5%~21%	22%~35%	36%~40%	41%~45%
	60岁及以上	5%~22%	23%~36%	37%~41%	42%~45%
男性	18~39岁	5%~10%	11%~21%	22%~26%	27%~45%
	40~59岁	5%~11%	12%~22%	23%~27%	28%~45%
	60岁及以上	5%~13%	14%~24%	25%~29%	30%~45%

图 5–15　男女不同年龄的健康体重标准

在航空体育训练中，体重与身体的健康状况息息相关，它一方面反映出人体骨骼、肌肉、皮下脂肪及内脏器官的发育状况和人体厚实度，也可间接反映出飞行人员的营养状况。肥胖是引起许多心血管疾病的主要原因之一，体重过轻则是营养不良引起或某些疾病的重要指征，适宜的体重能保证人体具备一定的适应能力、灵敏性和协调性，有利于各种技术动作的完成和运动能力发挥。

测量体重的方法有很多，例如：皮褶厚度测量、物理测量体脂法、化学测量体脂法等（图 5-16、图 5-17）。

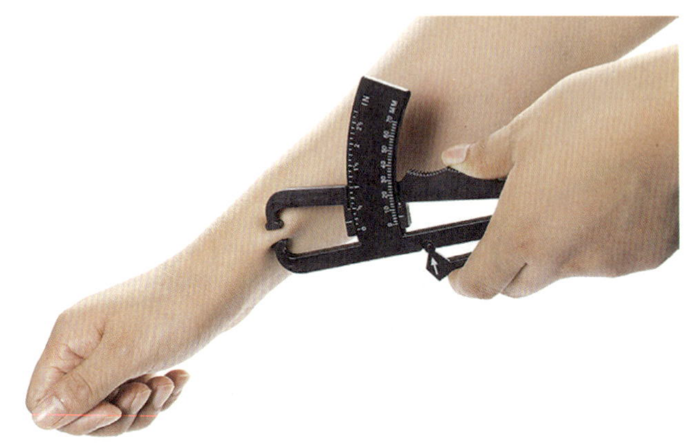

图 5-16　皮褶厚度测量

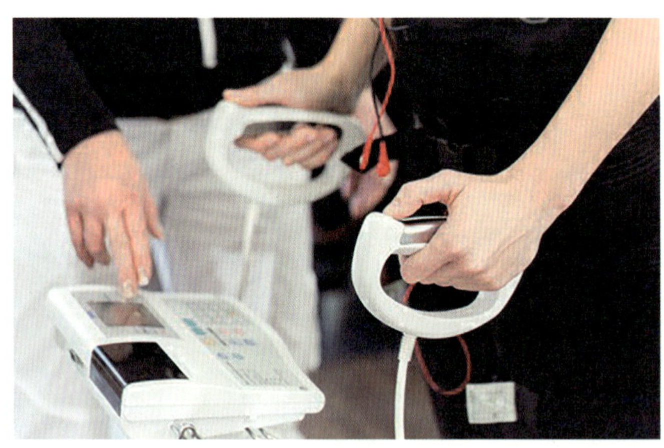

图 5-17　物理测量体脂法

一、常用的体重评估方法

①体质指数（BMI）= 体重 / 身高 ^{2}

②体脂百分比（PBF）= 脂肪重量 / 体重 ×100%

在体重评估过程中，通常采用 BMI 方法测量，根据身高（通常在 1.6~2 m 之间）和年龄（通常分为不同年龄段）进行分类。

若BMI值未达到标准，则通过PBF进一步评估体质状况。BMI和PBF方法简便易行，能快速评估一个人是否处于标准体重。但这两种推测的方法均围绕着体重展开评估，并不能判断体形的健康情况，因此，测量腰围和腰臀比也是重要的补充指标（图5-18）。

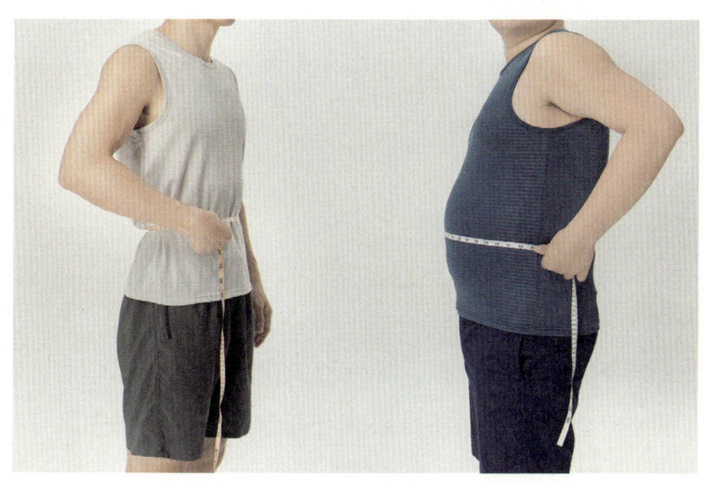

图5-18　卷尺测量腰围或腰臀比

若男性腰围超过0.9 m，女性腰围超过0.8 m，则可能存在中心性肥胖。男性腰臀比≥0.95，女性腰臀比≥0.85时，通常也视为中心性肥胖。中心性肥胖是指腹部脂肪堆积，通常伴随内脏脂肪增多，这种类型的肥胖通常会增加代谢性疾病（如糖尿病）和心血管疾病的风险，因此需要特别关注（图5-19）。

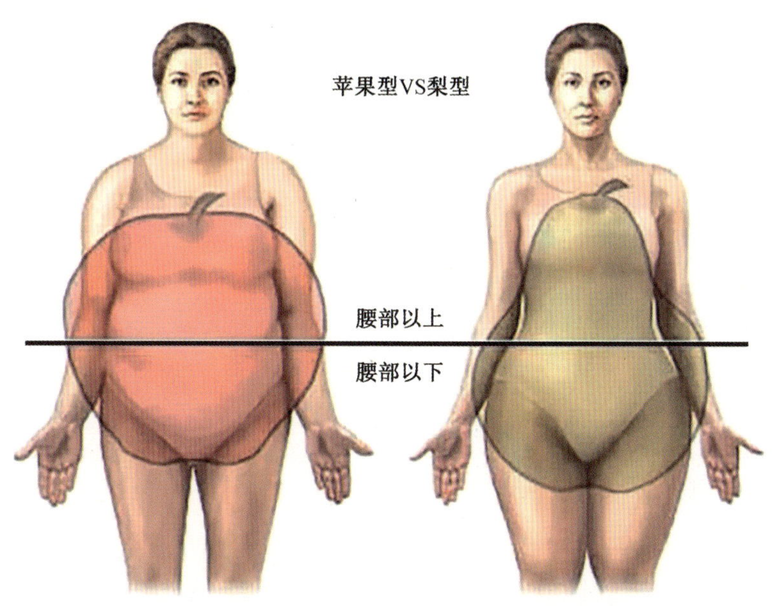

图5-19　中心性肥胖

二、肥胖发生的原因

体重过重是多因素共同作用的结果，诸如飞行压力、营养、心理等等，此外，也有病理性及基因因素的影响。对于生理健康水平高于常人的飞行人员群体而言，肥胖的主要原因受饮食习惯和遗传影响。

三、肥胖对于飞行的影响

（1）降低飞行耐力

脂肪聚集会增加身体的额外负担，导致耗氧量增加。腹部脂肪的增加会使横膈膜抬高，从而影响呼吸运动和血液循环；肥胖者通常易疲乏且畏热多汗同时可能伴随神经功能紊乱。这些因素都会显著降低飞行耐力。

（2）增加对减压病的易感性

肥胖者体内脂肪多，脂肪组织中溶解的氮气量较多，是血液或其他体液的 5 倍。当飞行人员上升到高空时这些氮气容易形成气泡，从而增加减压病风险。

扫码查看动画

（3）缩短飞行年限

肥胖常伴随多种慢性疾病，如高血压、冠心病、糖尿病、脂肪肝、高脂血症、胆石症等，这些疾病往往是导致飞行人员停飞的直接原因。

四、合理降低体重的措施：

降低体重的方法措施有很多，但对于舰载飞行人员而言，由于特殊的工作性质，主要应从营养和运动两方面进行考虑。

1. 营养方面

（1）总体原则

维持机体能量摄入与消耗之间的负平衡状态，逐渐降低体重，接近标准体重，并做到长期坚持膳食合理和营养均衡。

（2）具体措施

①杜绝节食饥饿疗法。

②切忌过多摄入甜食及高脂类食物。

③合理控制碳水（主食）摄入。

④保证营养平衡，不设水盐摄入限制。

由于飞行人员的职业特点和航空医学对体能的特殊要求，控制体重不能采用饥饿疗法、半饥饿疗法或低能量减重法。在降低体重的同时，还要增强体质，以适应中等强度和高强度的航空体育活动。因此，能量限制要逐渐降低，避免骤然下降至最低安全水平以下，并辅以适当体力活动以增加能量消耗。每月的体重最多下降 2~3 kg，逐渐使体重达到或接近标准体重。每减少 1 kg 体重，大约需要消耗 7 000 kcal 的热量。

合理控制碳水化合物摄入，即控制主食。在减少总能量的前提下，适当提高蛋白质和脂肪的比例，减少糖类摄入有利于减肥。蛋白质具有特殊动力性（摄食后可增加体内能量代谢 18%~20%，是糖类和脂肪的 4~7 倍），有助于弥补减重过程中耗损的蛋白质，因此，建议提高的蛋白质的摄入比例。脂肪可增加饱腹感，延长胃排空时间并提升耐饿性，但限制糖类供给时，过多摄入脂肪可引起酮症，因此应适量控制。可食鸡肉、牛肉、鱼类、瘦猪肉等，忌食肥肉、奶油、黄油、肥鸭、烤鹅、油酥点心等高脂肪食物。

糖类可以转变为脂肪，尤其是单糖和双糖类，更容易转化为脂肪并在体内沉积。因此，减肥期间主食应控制在每天 250~400 g，忌食蔗糖、麦芽糖、果糖、蜜饯及甜点心等。可适量增加膳食纤维（如粗粮、蔬菜、木耳、菇类等）摄入，每天推荐摄入量为 25~35 g。

烹调方法应以蒸、煮、烧、焖、炖为主，忌用油煎炸，因为煎炸食物含较多脂肪并刺激食欲，不利于减肥。同时，食物应多样化，切忌偏食。可通过间餐食用水果，特别是在体育锻炼后，既能满足饱腹感和低能量问题，又能补充水分、维生素和无机盐。

2. 运动方面

（1）总体原则

运动减重可以有效增加能量消耗，但减重过程应合理控制强度，循序渐进，持之以恒，才能使体重逐渐变轻。以有氧运动为主的减重效果最为明显。

有氧运动指中低强度、长时间、不间断、有节奏的运动，例如快走、慢跑、游泳、登山等。

（2）具体措施

可通过公式“220 – 年龄”来计算个人的最大心率值，并在有氧运动中将心率保持在这个值的65%~75%，此为理想燃脂心率，此时身体会有略微出汗、但不会大汗淋漓；运动时与同伴能正常交谈而不至于气喘吁吁。总运动时间保持在30~60 min，以保证主要供能物质从葡萄糖转为脂肪，运动频繁控制在每周3~5次。不建议每次时间过长，容易引起关节与韧带的磨损。需要注意的是，飞行人员严禁任何减肥药物及保健品的摄入。

五、体重过轻的危害

在航空体育训练中，往往忽视了体重偏轻的个体。体重过于瘦弱其实与肥胖一样，都会给身体带来多种健康风险。

这些风险包括主观上经常感到疲倦或没有精力；身体上出现营养不良、维生素缺乏或贫血的情况，骨质疏松；免疫功能下降，经常生病，并且在面对疾病或手术时恢复能力减弱。长此以往，这些问题甚至会影响舰载飞行安全。因此，合理增加体重也同样重要。

六、合理增重的措施

1. 总体原则

对于体重过轻者来说，增重可以改善身体外形并提高运动表现。体重增加的主要方式是增加的肌肉量、改善饮食营养并配合力量训练。

2. 具体措施

进行力量训练时，所有额外摄入的热量均都用支持肌肉的增长。通常每增加1 kg的纯肌肉重量，大约需要5 500 kcal的额外热量。因此，建议每日摄入量比日常所需要量多400~800 kcal，这样可以让体重每周增加0.5~1 kg。

若饮食量超出需求，多余的热量会转化为脂肪储存，使得增加体内脂肪量比较容易；

而增加肌肉重量则需要一段时间内有一定强度的、连续性的力量训练（足够量的抗阻力训练和无氧力量训练），并且在机体对体力负荷适应后才能使肌肉增长。

肌肉增加依靠蛋白质合成，因此蛋白质的摄入量必须充足，一般为总热量的10%~15%，相当于每日摄入约 1.5g/kg 体重的蛋白质（图 5–20）。

图 5–20　力量训练能够增加肌肉

单纯依靠摄入大量蛋白质或氨基酸对肌肉、肌力、体力、能力是无效的。多余的蛋白质会在体内转化为脂肪，且摄入过多的蛋白质可能对健康和运动表现不利。

在进行力量训练时，一定要摄入充足的热量和均衡的营养，应比不训练时适当增加一些食量。

同时应定期监测体重和体脂，不宜过量饮食，尤其是摄入体积较大的食物时，可能导致胃肠道不适，可选择一些浓缩食品或加餐来增加热量摄入。

在实践中，实现增加肌肉但不增加脂肪较为困难，可能会有少量脂肪伴随肌肉增加。可在肌肉增长后再减去这些脂肪，合适的体重增重范围每周不超过 1kg。